A GRATIDÃO transforma

MARCIA LUZ

A SUA VIDA FINANCEIRA

DVS EDITORA

www.dvseditora.com.br
São Paulo, 2016

A GRATIDÃO TRANSFORMA
A sua Vida Financeira

Copyright© DVS Editora 2016
Todos os direitos para o território brasileiro reservados pela editora.

Nenhuma parte deste livro poderá ser reproduzida, armazenada em sistema de recuperação, ou transmitida por qualquer meio, seja na forma eletrônica, mecânica, fotocopiada, gravada ou qualquer outra, sem a autorização por escrito do autor.

Contato: empresa@marcialuz.com.br / www.marcialuz.com

Capa: Marina Avila
Diagramação: Spazio Publicidade e Propaganda

```
Dados Internacionais de Catalogação na Publicação (CIP)
       (Câmara Brasileira do Livro, SP, Brasil)

       Luz, Marcia
          A gratidão transforma a sua vida financeira /
       Marcia Luz. -- São Paulo : DVS Editora, 2016.

          Bibliografia.
          ISBN 978-85-8289-139-1

          1. Finanças pessoais 2. Gratidão 3. Prosperidade
       I. Título.

16-07403                                          CDD-158.1
              Índices para catálogo sistemático:
          1. Prosperidade financeira : Psicologia aplicada
             158.1
```

Dedico este livro a meu marido Sergio Reis,
que me ensinou que é possível realizar meu propósito
de vida e ser bem remunerada por isso.

Agradecimentos

Um livro nunca é construído por uma única pessoa. O autor só consegue realizar a sua obra porque tem o apoio das pessoas que trabalham nos bastidores para que tudo aconteça. E neste, em especial, sou grata as seguintes pessoas:

Meus pais, Maria e Benigno Gago, que desde sempre garantiram minha subsistência para que eu pudesse ir atrás dos meus sonhos;

Meu amado marido Sergio Reis, que me ensinou a materializar meu propósito de vida;

Guilherme Kretzer, Cinthia Miranda, Felipe Cerqueira, Élcio Kozuma, Ana Claudia Marques, minha equipe de trabalho maravilhosa que segura as pontas para que o show aconteça;

Meus alunos do curso *A Gratidão Transforma*, que me dão dicas e pistas de quais devem ser meus próximos passos;

Meu editor Sergio Mirshawka e toda a equipe da DVS Editora, que se desdobra para me ajudar a divulgar minha mensagem de transformação.

Que Deus cubra cada um deles com seu manto de amor e prosperidade!

ÍNDICE

Introdução 1

PRIMEIRA PARTE
Fundamentos
7

Compreendendo como Tudo Acontece 9
É Hora de Saber Mais Sobre Gratidão 17
Entendendo a Prosperidade Financeira 23
Fortalecendo a Relação entre Gratidão e Prosperidade 31

SEGUNDA PARTE
A Jornada da Gratidão pela Prosperidade Financeira
37

A Gratidão É, Antes de Tudo, um Hábito. 39

Dia 1

O Caderno da Gratidão pela Prosperidade Financeira.........43

Reforçando os alicerces 49

Dia 2

Construindo Alicerces Sólidos. 53

O poder dos exemplos..57

Dia 3

Utilizando o Poder dos Exemplos. 63

A força das experiências. 67

Dia 4

Ressignificando Experiências. 71

Ganhar e gastar. Um equilíbrio necessário....................75

Dia 5

Aprendendo a Poupar Enquanto Agradece...................79

Gastar compulsivamente –
promovendo a mudança de hábitos. 83

Dia 6

Utilizando o Dinheiro com Consciência e Gratidão............89

Quem é responsável por sua prosperidade? 93

Dia 7

Sou Responsável. 95

No fundo do poço ou no início da subida? 99

Dia 8

Potencializando a Gratidão. 101

Comprometa-se. 105

Dia 9

A carta de Intenção 109

Pedir com gratidão gera sinergia 113

Dia 10

Pedindo com Sinergia. 117

A força dos cinco sentidos. 121

Dia 11

Ver para Ter. 123

De nada vale toda a riqueza se perder a sua alma. 127

A jornada é feita passo a passo. 131

Bibliografia consultada... 133

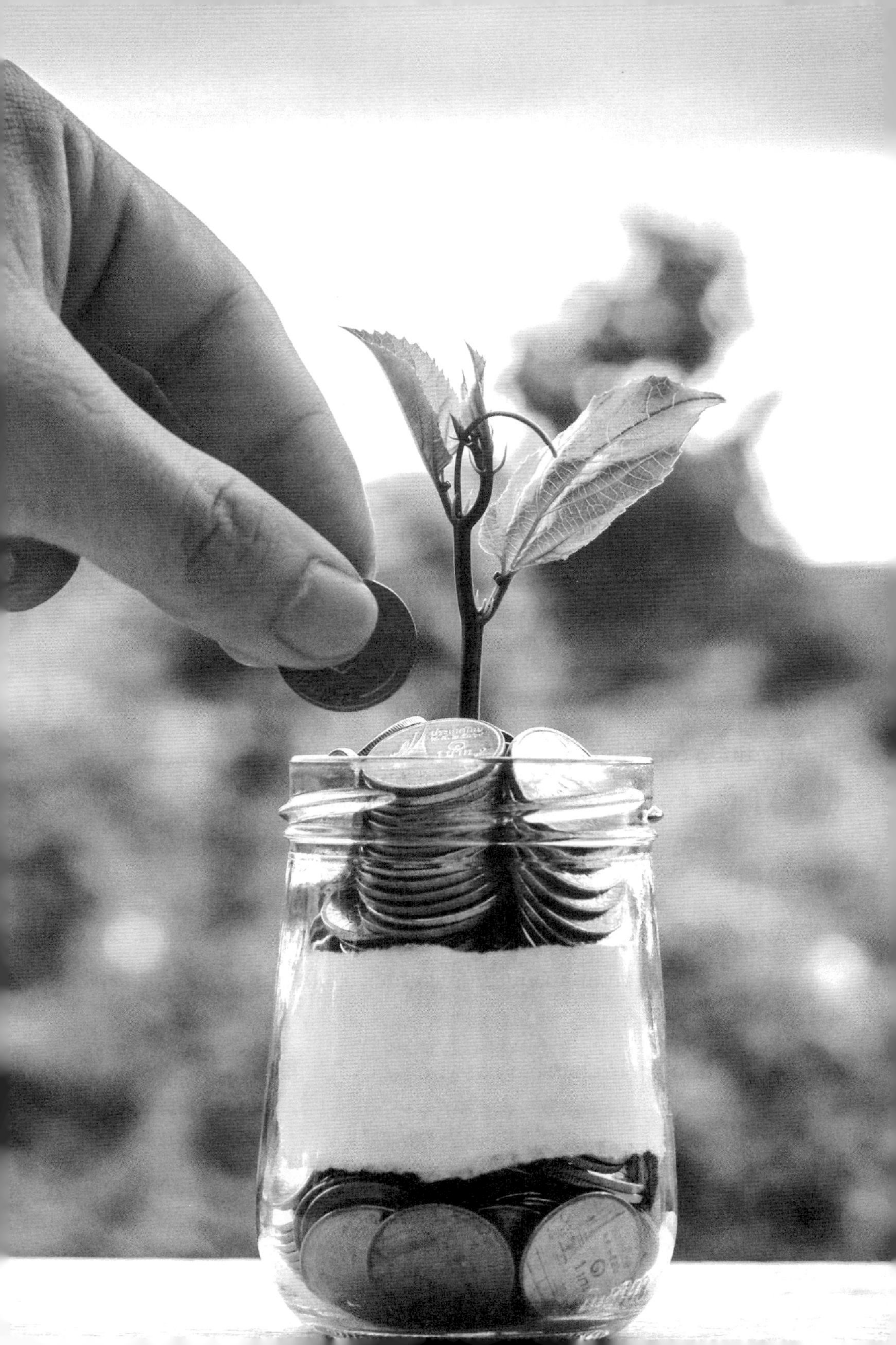

Introdução

Quantos EUS habitam em você? Sei que a pergunta, em primeira mão, parece meio esquizofrênica ou no mínimo sugere buscar fazer contato com pessoas com múltiplas personalidades, mas a verdade é que se engana quem pensa que possui apenas uma faceta de si mesmo habitando em seu interior. Somos seres complexos e multifacetados.

Quem me conhece mais profundamente, por exemplo, sabe que eu tenho um lado cético e um outro extremamente crédulo. Meu lado cético exige que eu experimente teorias e exercícios em que não creio à primeira vista. Quando os executo, "desligo" o meu lado cético e entro de cabeça na experiência proposta para poder usufruir dos benefícios que ela promete. Meu lado cético me garante a tranquilidade de não ser influenciada por expectativas quanto ao resultado e, com isso, consigo gerar novos conhecimentos e ajudar minha audiência a crescer.

E foi assim que, como fruto de muitos anos de pesquisa, leitura e experiências pessoais, nasceu o livro e o curso *A Gratidão Transforma*, no qual proponho ao leitor/aluno transformar sua vida em 33 dias com exercícios de gratidão. O livro e o curso, juntos, têm como proposta abarcar vários temas nos quais enfrentamos dificuldades na nossa vida diária, como relacionamentos, trabalho, perdão, autoestima, entre outros aspectos.

Esse trabalho tem me trazido muita realização, pois, diariamente, vejo a comunidade da Gratidão Transforma, que não para de crescer, sendo afetada muito positivamente pelos efeitos transformadores que a gratidão é capaz de gerar na vida daqueles que a praticam utilizando a metodologia correta.

Acontece que meus alunos começaram a manifestar o desejo e a necessidade de aprofundar alguns temas, de acordo com suas necessidades específicas. E foi assim que surgiu *A Gratidão Transforma a sua Vida Financeira*, que é o primeiro desdobramento da obra de origem e que vai me permitir esmiuçar os temas mais relevantes para os leitores/alunos, mas o faço de forma que, se este for seu primeiro contato com meu trabalho, você possa se beneficiar sem prejuízo algum. Caso você já tenha tido acesso ao curso A Gratidão Transforma, poderá agora dar foco e aprofundamento aos seus estudos.

Vamos começar este conjunto de cursos/livros pela prosperidade financeira, porque acredito que a grande maioria das pessoas possui programações mentais negativas em relação ao dinheiro, advindas das mensagens assimiladas na mais tenra infância e de experiências ruins que porventura tenham passado. Acredito também que este é um fator relevante a ser trabalhado, pois é através da prosperidade financeira que conseguimos ter acesso a uma melhor qualidade de vida, estudos, viagens; enfim, uma vida realmente próspera em todos os sentidos, que é o que todo o ser humano merece.

Sem resolver as finanças, várias outras áreas de sua vida ficam travadas e boa parte dos problemas que você tem hoje começam a ser resolvidos assim que mudarmos seu *mindset*, ou seja, seu padrão mental acerca do dinheiro.

Então venha comigo, pois vou te apresentar um mundo de abundância e liberdade financeira.

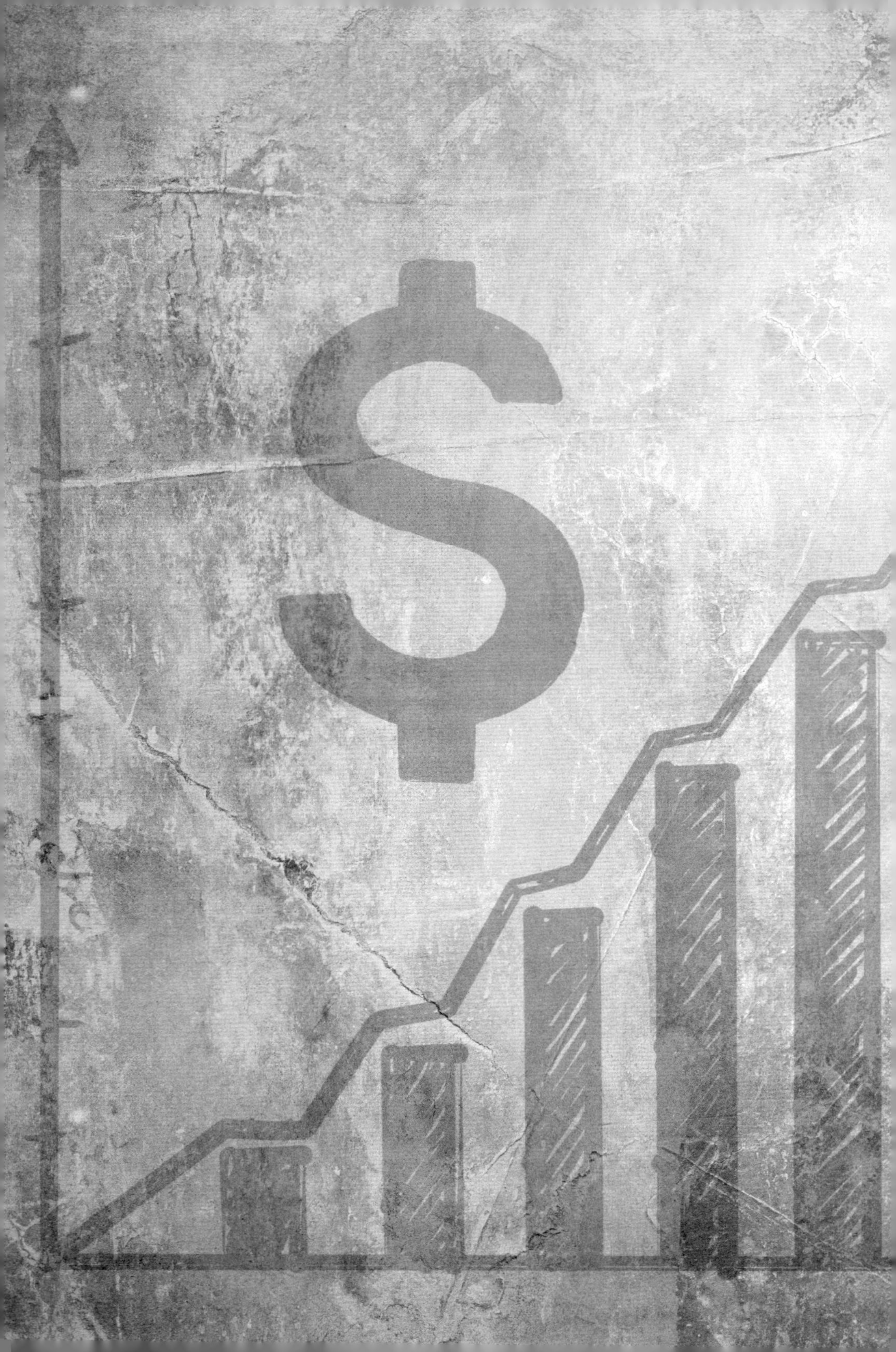

Primeira Parte

Fundamentos

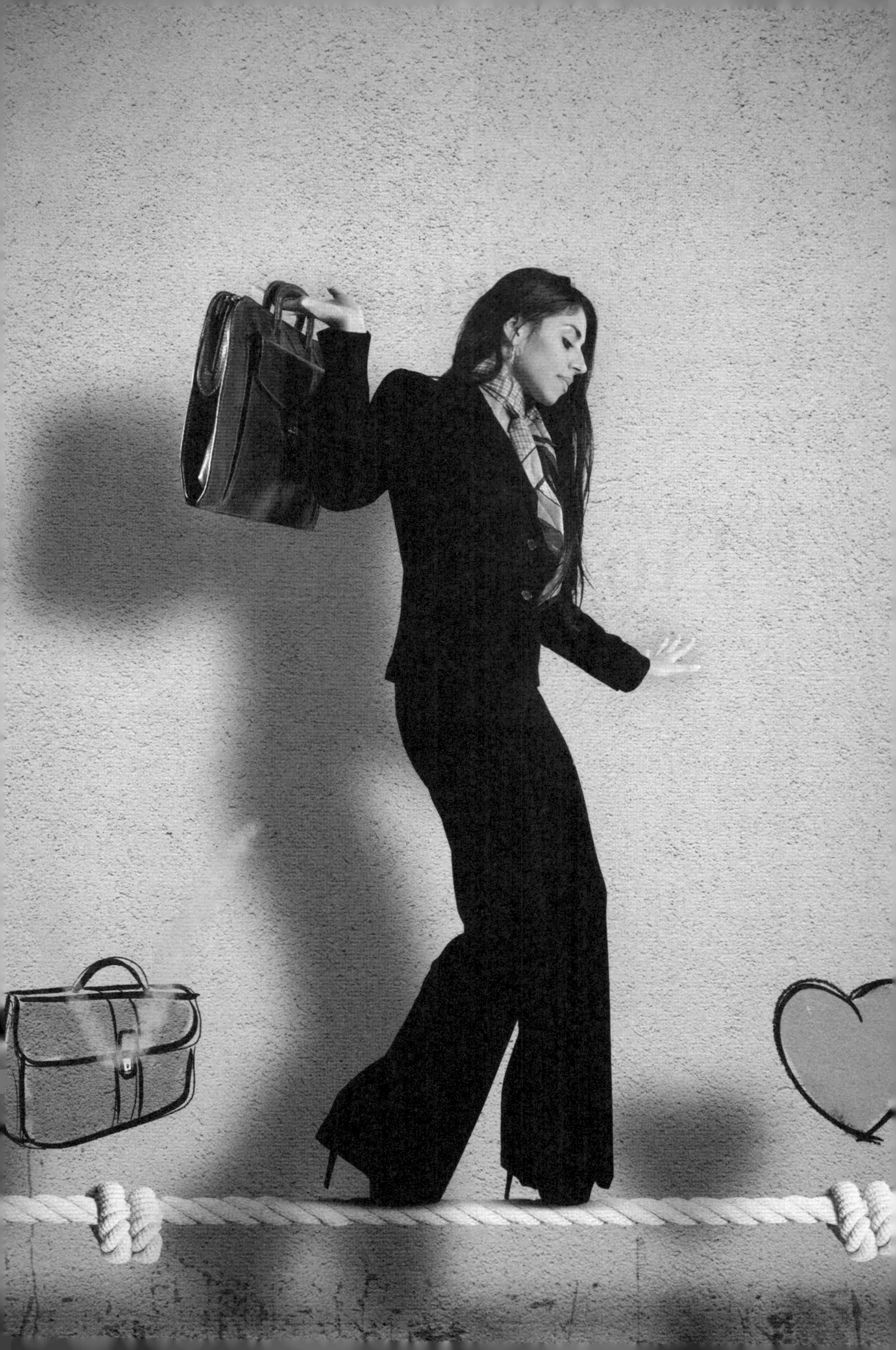

Compreendendo como Tudo Acontece

Neste momento, preciso que você se relembre das suas aulas de ciências quando estudava sobre átomos. O que são átomos? "São a menor partícula da matéria", respondíamos na minha época, mas lá se vão alguns anos. Hoje, sabemos que há partículas menores que o átomo, mas o que nos interessa é saber que seus elétrons – que giram em torno do núcleo – podem assumir órbitas "mais elevadas" através da adição de energia, ou podem assumir órbitas "mais baixas" com o desprendimento de energia.

Imagine os antigos toca-discos, que reproduziam LPs. Normalmente, os LPs giravam numa velocidade de 33 RPM (rotações por minuto). Quando eu era criança, minha diversão era aumentar a rotação para 45 RPM, pois o disco girava mais rápido, a voz saía aguda e veloz, e ficava muito engraçado. Este seria o equivalente aos elétrons assumirem órbitas "mais elevadas", porque aumentando a velocidade do toca-discos eu estava dando mais energia. Ao contrário, quando o "prato" do toca-discos estava girando a menos que 33 RPM, a voz reproduzida era grave, num tom triste, e para mim, que era criança, assustador. Quando os átomos giram "mais baixo", eles estão mais devagar e perdem energia. Pois saiba: podemos controlar, com os nossos pensamentos, a maneira como os átomos que estão à nossa volta vibram, da mesma forma que eu controlava a velocidade do meu toca-discos. É claro que isso é uma comparação simplista, mas servirá para nosso propósito de compreender de que forma você pode construir a realidade onde está inserido.

Você deve saber que o nosso corpo e tudo o que nos cerca é feito de átomos. Nosso corpo tem várias estruturas – pele, pelos, músculos, tendões, nervos, artérias, veias, sangue – que, se olhados ao microscópio, são formados de milhões de pequenas estruturas chamadas

•células. Se colocarmos uma célula sob a luz de um microscópio de última geração (um Nanoscópio), veremos que elas não são a menor estrutura do corpo, pois elas são formadas de átomos! E esses átomos – que até alguns anos atrás eram conhecidos por se constituírem por prótons, nêutrons e elétrons – hoje sabemos que se dividem em partículas ainda menores, os quarks. Esses, por sua vez, dão origem a uma estrutura ainda menor, os neutrinos (ou supercordas), que são, em última instância, pura energia. Ou seja: **TUDO O QUE VOCÊ VÊ É ENERGIA, MANIFESTADA EM DIFERENTES FORMAS.**

Agora pense: se você estiver brincando de "cabo de guerra", qual é o time que ganha? Evidentemente aquele que puxar para uma só direção com mais força. A equipe tem que estar alinhada e trabalhando junto para conseguir o objetivo de derrotar o outro time, certo? Imagine agora que você quer muito alguma coisa, no caso, prosperidade em sua vida. O que você tem que fazer é exatamente como no cabo de guerra: alinhar todos os membros do time – no caso seu pensamento, seu sentimento e sua ação – para que o resultado em sua vida seja a tão almejada prosperidade!

Da mesma forma, nossos átomos trabalham movidos pela energia de nosso pensamento, nosso sentimento e nossa ação. Portanto, se estiverem alinhados entre si, trabalharão todos numa mesma direção (como num ímã, com polos negativo e positivo), chegando ao resultado desejado.

Tudo o que nos cerca, o Universo lá fora, é formado por energia, e ela se manifesta em ondas. Essas ondas são invisíveis e, na prática, conectam o que somos (corpo), o que pensamos (pensamento) e o mundo que nos cerca, como um grande fio invisível. Elas se atravessam, se conectam, se atraem ou se repelem, dependendo de como estejamos pensando, sentindo ou agindo, igualzinho na brincadeira do cabo de guerra. Imagine que seu pensamento diz: "vou ser próspero", seu sentimento é "me sinto pobre" e sua ação é ficar esperando que algo aconteça na sua vida sem você fazer nada. Você acha que neste "cabo de guerra" sua vida vai para o lado da prosperidade ou cruza o limite e vai para o lado da vida dura e com dificuldades? Oras, se nem o seu próprio time trabalha alinhado, com cada onda emitindo uma informação, cada átomo trabalha com um objetivo, e sua vida ou não sai do lugar ou vai de mal a pior.

É por aí que a Lei da Atração funciona, mas preciso corrigir uma informação equivocada: as coisas não são atraídas por nós devido a um determinado pensamento+sentimento+ação alinhados (onda). Na verdade, tudo já está à nossa volta, coisas boas e ruins, oportunidades, bênçãos ou desgraças. Quando começamos a emitir determinado pensamento, conseguimos "captar" as ondas equivalentes à frequência de onda que emitimos, da mesma forma que giramos o botão do rádio para escutar nosso tipo de música preferido. A música que queremos só nos chega aos ouvidos se girarmos o botão. As coisas que queremos só chegam em nossa vida se emitirmos o pensamento certo.

Como já expliquei várias vezes, é como se bênçãos e maldições da vida fossem frutas numa grande feira, frutas invisíveis, que já estão lá, mas não ao seu alcance. Quando você vibra na frequência das bananas, enxergará as bananas e poderá pegá-las; se vibrar na frequência de abacaxis, só verá abacaxis, e assim por diante.

Quando duas energias de ondas iguais se chocam – ou se encontram – cria-se o que é chamado de interferência construtiva, o que significa, segundo a Mecânica Quântica, que é possível criar, a partir daí, qualquer realidade material. Facilitando: se eu gosto de escutar MPB e você também gostar, é como se nossas vontades se encontrassem, criando a "interferência construtiva", que, no nosso caso, por exemplo, poderia ser a decisão de não só escutar MPB juntos, mas criarmos uma dupla (realidade material) para interpretarmos as músicas que amamos.

Este princípio está interligado com o Princípio de Ação e Reação de Isaac Newton: "A cada ação existe uma reação de mesma intensidade no sentido contrário". Traduzindo: aquilo que você emite é exatamente o que vai receber, em igual intensidade. Outro exemplo fácil: se você jogar uma bola com velocidade contra uma parede, ela vai voltar na mesma velocidade para você. Da mesma forma que devemos saber com que velocidade devemos jogar a bola para não nos machucarmos com ela, devemos saber o que estamos "jogando para o universo", para não recebermos de volta coisas que não queremos. Daí o ditado: "Faça aos outros somente aquilo que gostaria que te fizessem."

Dessa forma também podemos nos lembrar da máxima de Jesus, que diz: "Amai o próximo como a ti mesmo". Longe de querer iniciar uma discussão religiosa, vou somente interpretar ao pé da letra a frase. Imagino que você não quer que nada de mal aconteça com você, pois gosta de si mesmo, ou tem o mínimo princípio de autopreservação. Ora, se você não gosta de ser maltratado, xingado, enganado, não fará isso com o "próximo", para que não colha as consequências através da Lei de Ação e Reação. Esta será a melhor conduta no seu dia a dia, pois se emitir amor, gratidão, bênçãos, receberá o mesmo. Mas se emitir ódio, ingratidão e ofensas, a lei não irá mudar, e é exatamente isso que receberá.

Se você alinhar seus átomos, sua energia e as ondas que você emite com positividade, colherá bons resultados rapidamente. Da mesma forma, se você os alinhar com negatividade, será a prova viva de que "desgraça nunca vem sozinha".

Com esta breve explicação sobre como funciona algumas leis do universo, agora posso continuar e te explicar sobre Gratidão e Prosperidade.

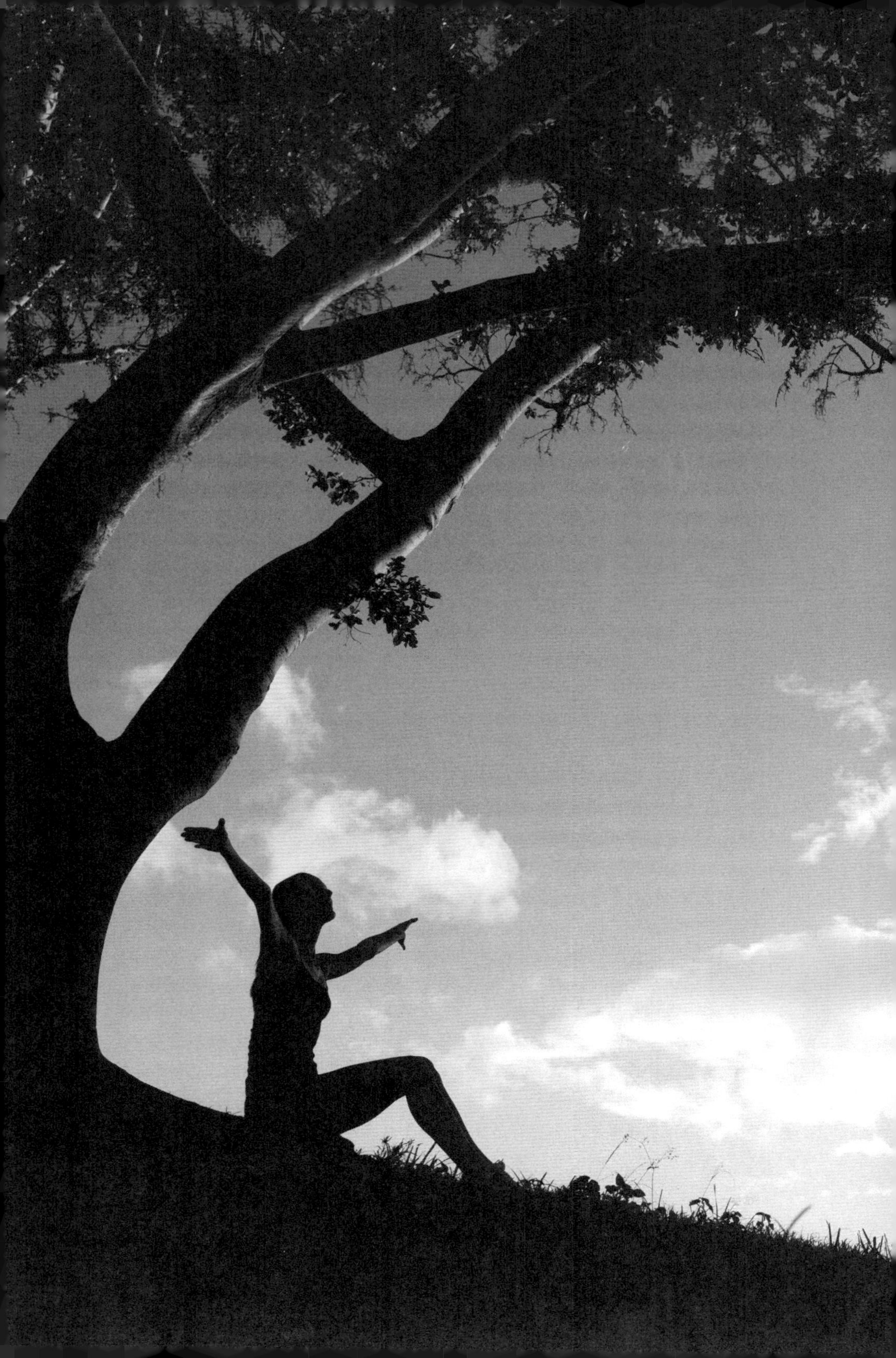

É Hora de Saber Mais Sobre Gratidão

Você sabe o que significa gratidão? A palavra gratidão vem do latim *gratia*, que significa literalmente graça, ou *gratus*, que se traduz como agradável. Ou seja, gratidão quer dizer "reconhecimento agradável por tudo o que recebe ou lhe é concedido".

Aquilo que chamo de gratidão é, em outras palavras, vibrar positivamente (aumentar a velocidade para 45 RPM, lembra?) a cada acontecimento do seu dia a dia. Imagino que você já tenha entendido o princípio básico, mas só para reforçar: quando você agradecer algo, mais daquele "algo" virá até você, pois você estará alinhando seu "cabo de guerra" mental (pensamento+sentimento+ação) para ter mais daquilo pelo qual agradeceu.

Quando tornamos a gratidão um hábito, mesmo os acontecimentos desagradáveis são transformados rapidamente, pois aprendemos a agradecer pelo aprendizado que tivemos com o que passamos. Sei que ninguém gosta de enfrentar problemas, mas são eles que nos fazem crescer, pois testam nossos limites de autossuperação. Se aprendemos a agradecer mesmo quando estamos enfrentando adversidades, não deixamos cair a nossa "rotação", a nossa vibração, e permanecemos alinhados e com foco no que de bom acontece conosco.

Nosso universo é binário (sim ou não, 0 ou 1), o que significa que só pode vibrar numa frequência por vez. Para o universo não existe "estou mais ou menos". Ou você quer muito alguma coisa ou não quer mesmo. Portanto, não adianta se enganar e agradecer só da boca para fora, alardear que você quer ficar "bem de vida", se por dentro existe aquele pequeno pensamento dizendo "minha vida está uma merda, e eu nunca vou sair deste buraco". O que é mais forte: o sentimento de que sua vida está ruim, ou a palavra dita só por dizer? O sentimento, com certeza, pois ele vibra em todos os seus átomos e reverbera ao redor. Imagino que você já viu gente sorrindo na sua frente com os olhos tristes. Qual foi sua impressão da pessoa? Ela estava alinhada entre o que sentia e o que mostrava para os outros? Você sabia o que dizer a ela, se felicitava ou consolava? Pois se você não sabia como agir com aquela pessoa, o Universo também não saberá como agir contigo se você passar duas informações contraditórias.

Portanto, conscientize-se: através da gratidão *podemos escolher* como pensamos, que definirá como nos sentimos e, consequentemente, como vibramos. O que vou ensinar a você a partir da agora é como deve sentir-se em relação a tudo o que diz respeito à prosperidade financeira, mudando as "mensagens" que emite ao Universo e os resultados que colherá.

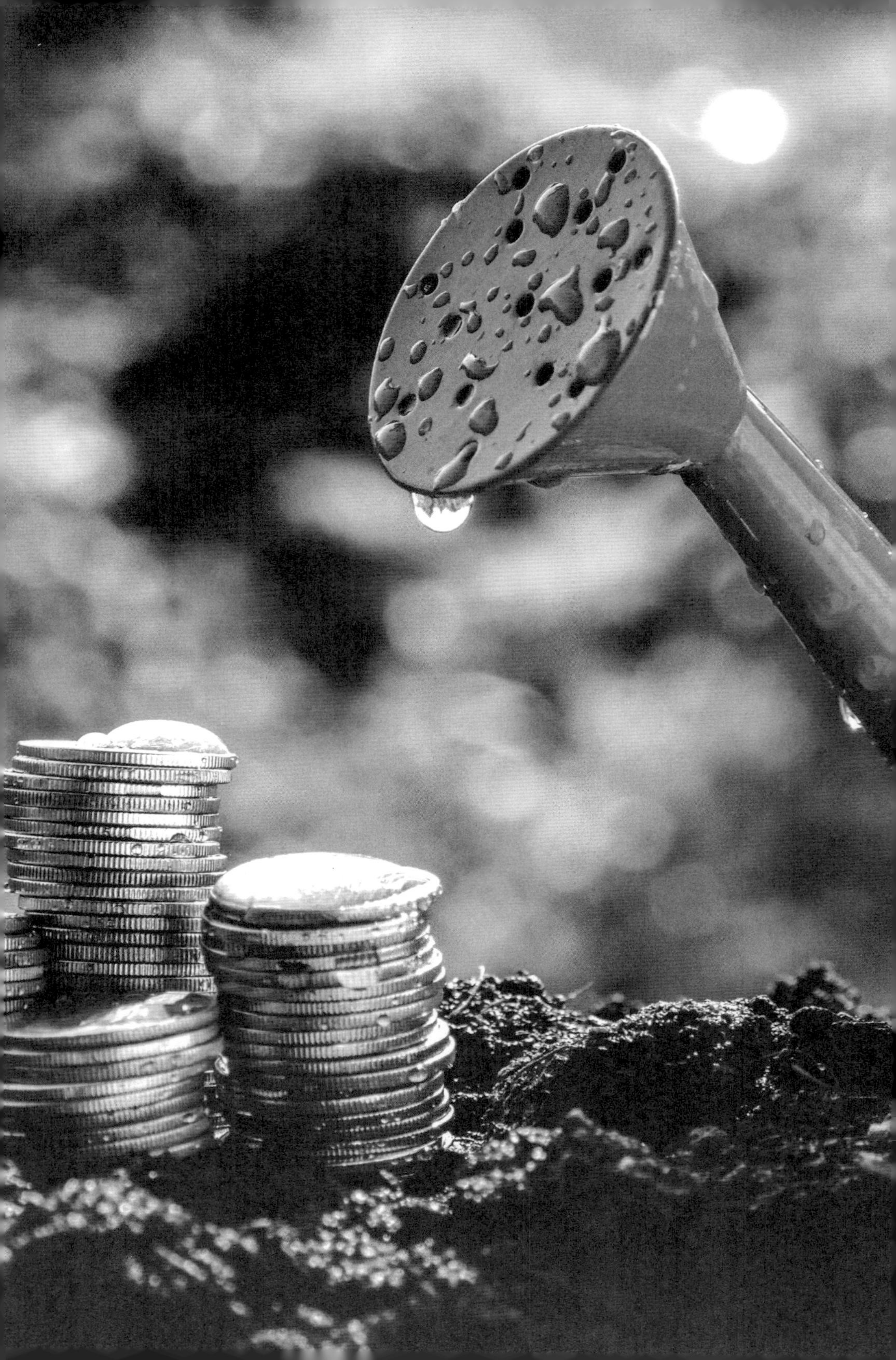

Entendendo a Prosperidade Financeira

Depois de pesquisar muito, ler muitos livros sobre o assunto, posso te responder categoricamente: a gratidão tem absolutamente tudo a ver com você ter ou não dinheiro e prosperidade financeira.

A diferença aqui é que, ao invés de fazer como todos os autores que li, que deixam a gratidão como um dos últimos itens responsáveis por sua prosperidade, quero enfatizá-la como o primeiro item. Por quê?

Porque meus 23 anos de pesquisa sobre o funcionamento da mente humana me mostraram que mais importante do que saber investir seu dinheiro, ou como poupá-lo, é a consciência de como você o sente, como você o vê, com que sentimento você o toca. De nada serve ser um *expert* em aplicar na bolsa de valores, ou saber fazer negócios ótimos, se gastar tudo ou perder todo esse dinheiro, vivendo endividado e frustrado com uma situação que você criou através de pensamentos que não combinavam com sentimentos, que culminaram em ações desastrosas.

Não é raro sabermos de casos de pessoas que ganharam muito dinheiro e logo em seguida conseguiram perder tudo, voltando ao estado de miserabilidade, muitas vezes até pior do que o estágio anterior, simplesmente porque a conta bancária mudou, mas o *mindset*, ou modelo mental, continuou sendo o de pobreza e escassez.

Lembre-se: pensamento gera sentimento, que gera ação. Vamos trabalhar através da gratidão para que seu mundo de sensações em relação à prosperidade mude, e suas ações para alcançá-la sejam efetivas.

Acontece que por anos a fio fomos vítimas de um modelo mental que associou riqueza à ganância, corrupção, pecado e até sujeira. Isso gerou nas pessoas um grande conflito: preciso ter dinheiro para manter um padrão de vida minimamente decente e garantir as necessidades básicas de meus familiares, mas será que com isso não corro o risco de corromper a minha alma?

Olha, a verdade é que historicamente foi necessário para os governantes e para os líderes religiosos manter o povo conformado com a falta de recursos financeiros e a melhor forma de fazer isso era se assegurando de que a construção de riquezas não seria algo desejado. Se o dinheiro não traz felicidade, então facilmente me conformo com a falta dele. Se é mais fácil um camelo passar por um buraco de uma agulha do que um rico entrar no reino dos céus, então chego a ficar feliz por viver em total estado de miséria, pois isso, com certeza, vai me assegurar a vida eterna, certo?

Errado. A Bíblia (em Mateus 19:24 e repetida em Lucas 18:25 e Marcos 10:25) conta a história de um jovem rico que se aproximou de Jesus e perguntou-lhe como conseguir a vida eterna. Jesus respondeu que ele deveria doar tudo aos pobres, justamente para descobrir o que era mais importante ao jovem: a riqueza ou a vida eterna.

Como o jovem preferiu ficar com seus bens em vez de doar aos pobres, Jesus diz que ele não vai para o céu, que era mais fácil um camelo passar por um buraco da agulha do que um rico, com esta mentalidade (e aqui está a importância da interpretação), entrar para o reino dos céus.

Em outras palavras, é melhor fazer algo de útil com o dinheiro acumulado (neste caso, doá-lo) do que levá-lo consigo para o caixão. E com isso eu concordo totalmente. Mas não significa que o dinheiro é o problema, e sim a avareza e a falta de caridade.

Anthony Robbins, um dos principais profissionais do desenvolvimento humano de todos os tempos, fez um estudo criterioso sobre a mentalidade dos milionários acerca do dinheiro e descobriu que a maioria deles manifesta mais caridade e generosidade, proporcionalmente falando, do que as pessoas ditas pobres.

Pense comigo: quanto mais dinheiro você tem, mais é capaz de fazer o dinheiro circular e maior a sua possibilidade de gerar riqueza ao seu redor.

A melhor maneira de ajudar um pobre definitivamente não é tornando-se mais um deles. Se você quer mesmo mudar a situação de pobreza em que se encontram seus familiares ou amigos, primeiro precisará mudar a sua situação.

Uma pessoa que está se afogando só é capaz de ajudar outras pessoas depois que conseguir se salvar. Busque escapar do afogamento e depois você poderá voltar com uma prancha, uma boia ou um bote salva-vidas. Qualquer tentativa antes disso só garantirá que ambos vão se afogar mais rapidamente.

Agora quero compartilhar com você algumas frases que me inspiram e me fazem trabalhar feliz todos os dias e extremamente grata, sabendo que estou ajudando muita gente a mudar sua vida para melhor e me tornando mais próspera na mesma medida. Cito-as aqui para que sua ideia sobre dinheiro e prosperidade comece a mudar:

"A marca da verdadeira riqueza é determinada por quanto a pessoa é capaz de dar". T. Harv Eker (*Os Segredos da Mente Milionária*)

"... Primeiro, o dinheiro não se esgota – a mesma nota pode ser usada anos e anos por milhares de pessoas. Segundo, quanto mais rico é um indivíduo, mais dinheiro ele pode colocar em circulação, permitindo que outras pessoas tenham mais dinheiro para trocar por mais valor." T. Harv Eker (*Os Segredos da Mente Milionária*)

"Seria uma incoerência pensar que Deus, sendo Pai de amor, Criador de todas as riquezas, de todas as fortunas, de todo minério, minas incontáveis de diamantes, prata e ouro, impedisse seus filhos de usufruir de sua criação. Por isso, agradeça a Deus pela riqueza existente ao seu redor e à sua disposição. Toda esta riqueza é sua. Ela lhe pertence." Carlos Wizard Martins (*Desperte o Milionário que Há em Você*)

"Ganha/ganha é um estado de espírito que busca constantemente o benefício mútuo em todas as relações humanas. (...) se baseia no paradigma de que há bastante para todos, que o sucesso de uma pessoa não é conquistado com o sacrifício ou a exclusão de outra." Stephen Covey (*Os 7 Hábitos das Pessoas Altamente Eficazes*)

Você deve ter observado que aqui tanto H. Eker, C. Martins quanto S. Covey falam sobre a Mentalidade da Abundância e de como a nossa prosperidade irá refletir nas pessoas que nos cercam, naqueles com quem nos relacionamos de alguma maneira. Quando temos a Mentalidade da Abundância, segundo Covey, vivemos no *"paradigma que diz haver o bastante para todos."* Quem, ao contrário, vive na Mentalidade da Escassez, não tem um prazer verdadeiro em ver os outros prosperarem, pois se sente com se lhe tivessem tirado algo, como se não fosse sobrar uma fatia de prosperidade para ele. Quando estamos conectados com a abundância do Universo, sabemos que "quando a maré sobe, todos os barcos sobem", e isso é muito bom!

"A gratidão deve ser renovável. Evite esquecer aqueles que ajudaram você. O comum é que, com o tempo, as pessoas esqueçam quem lhes estendeu a mão. Procure agir de maneira diferente, tornando-se um profissional fora do comum.

Quando posta em prática, a gratidão exige que se reconheça a quem a ela faz jus. Se for levada além, fará a pessoa seguir outra lei, a da generosidade." William Douglas (*As 5 Leis Bíblicas do Sucesso*)

Esta é a lei 21, listada por William Douglas. Ele fala claramente que a gratidão faz parte do processo para se ter sucesso e prosperidade. E, seguindo a mesma linha de raciocínio dos outros autores, conclui que quem sabe ser grato, torna-se naturalmente generoso. O que nos faz recordar novamente da Lei de Ação e Reação, já citada anteriormente, e aqui explicada na prática por R. Kyiosaki:

"Se eu tivesse de passar apenas uma única ideia para o leitor, seria esta. Sempre que você sentir 'falta' ou 'escassez' de alguma coisa, doe, antes, o que você quer, e isso retornará para você os montes. Isso é verdadeiro para dinheiro, sorrisos, amor, amizade. Sei que muitas vezes isso é a última coisa que se deseja fazer, mas, para mim, sempre funcionou. Apenas confio em que o princípio da reciprocidade funciona e doo o meu desejo. Se quero dinheiro, dou dinheiro, e ele volta multiplicado." (...) *"Há muitos anos ouvi algo assim: 'Deus não precisa receber, mas os homens precisam doar'."* Robert Kyiosaki (*Pai Rico, Pai Pobre*)

A minha última citação é para lembrar a você do que vimos até aqui, ou seja, que mudar sua programação mental em relação ao dinheiro é o único caminho para tornar-se próspero:

"Sua mente é o seu maior ativo, pois pode criar riqueza ou pobreza." Robert Kyiosaki (*Pai Rico, Pai Pobre*)

Então, conectado com a generosidade e com a abundância, se prepare, respire fundo, pois sua vida está prestes a mudar!

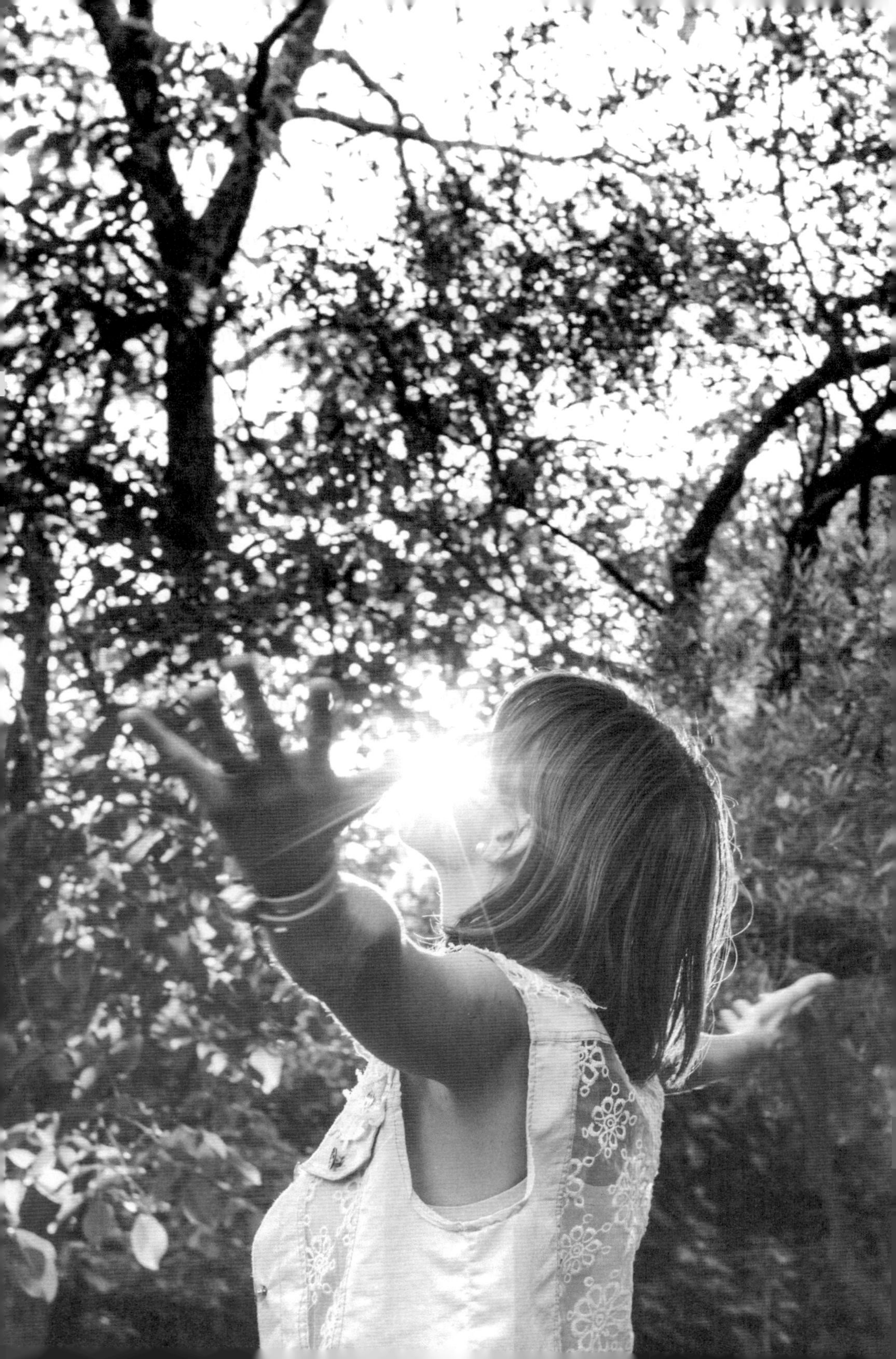

Fortalecendo a Relação entre Gratidão e Prosperidade

Sabendo agora que temos capacidade de alterar nosso estado emocional e o que sentimos, fica mais fácil entender por que podemos alcançar prosperidade com o exercício diário da gratidão. Manter nossos átomos vibrando em alta frequência nos faz estarmos atentos para tudo aquilo que queremos, pois nosso espírito está alerta e direcionado para ver oportunidades e o lado bom de qualquer coisa que aconteça.

Quando estamos repletos de Gratidão, queremos ver outras pessoas no mesmo estado. Crescemos e queremos que os outros cresçam. Stephen Covey, autor de *Os 7 Hábitos das Pessoas Altamente Eficazes*, fala do princípio do Ganha-Ganha, no qual todas as partes envolvidas em um negócio são beneficiadas. Ele diz que, para que esse princípio funcione perfeitamente, precisamos ser íntegros, ter maturidade e ter mentalidade de abundância.

Como pode ser visto, todos os autores falam de uma maneira ou outra que o Universo é abundante e há riqueza e prosperidade para todos. Só nos falta acessar este canal, ajustar nas "ondas" certas. E é isso que faremos a partir de agora, nesta pequena e poderosa Jornada de Gratidão e Prosperidade.

Nossa jornada é composta de 11 exercícios, que deverão ser realizados um por dia, na sequência proposta aqui. Cada exercício trabalhará aspectos diferentes e complementares de sua relação com a prosperidade e com o dinheiro.

Eu não tenho como prever em quanto tempo você começará a perceber os efeitos dos exercícios em sua vida. Para alguns, os resultados aparecerão muito rapidamente, porque a pessoa já estava pronta para receber as bênçãos, o que só não havia ocorrido porque ela se recusava a abrir o coração. Outras pessoas precisarão ter a paciência de esperar os frutos nascerem e amadurecerem, mas, com certeza, algo muito significativo mudará em sua vida a partir de agora.

Até hoje você alimentou crenças limitantes sobre o dinheiro, plantou sementes erradas, e por isso os frutos foram inadequados. A partir de hoje, porém, tudo vai mudar porque vou te ajudar a construir o *mindset*, o modelo mental certo em relação à prosperidade financeira, e, consequentemente, sua vida vai mudar.

Agora cuidado com as armadilhas da sua mente. Mudanças não são necessariamente bem-vindas. A sua mente vai tentar te manter no atual estado das coisas. É mais ou menos assim:

- Tá ruim, mas tá bom
- Melhor o mal conhecido do que os possíveis horrores do desconhecido
- Estou na "merda", mas tá quentinho.

Sua mente não quer que você mude, pois acha que assim está te protegendo de alguma novidade que pode ser muito pior do que a vida que você tem hoje. Mas eu e você sabemos que vale o risco da mudança. Você começou este curso porque não aguenta mais manter algumas coisas como estão, não é verdade?

Por isso lembre-se de realmente mergulhar na experiência. E não fique cobrando do Universo respostas rápidas. Apenas faça o exercício e saiba que ainda que não esteja conseguindo ver os frutos, as sementes estão sendo plantadas e assim como o agricultor sabe que a paciência é recompensada, você também terá a certeza de que a sua vida nunca mais será a mesma.

Então mãos à obra.

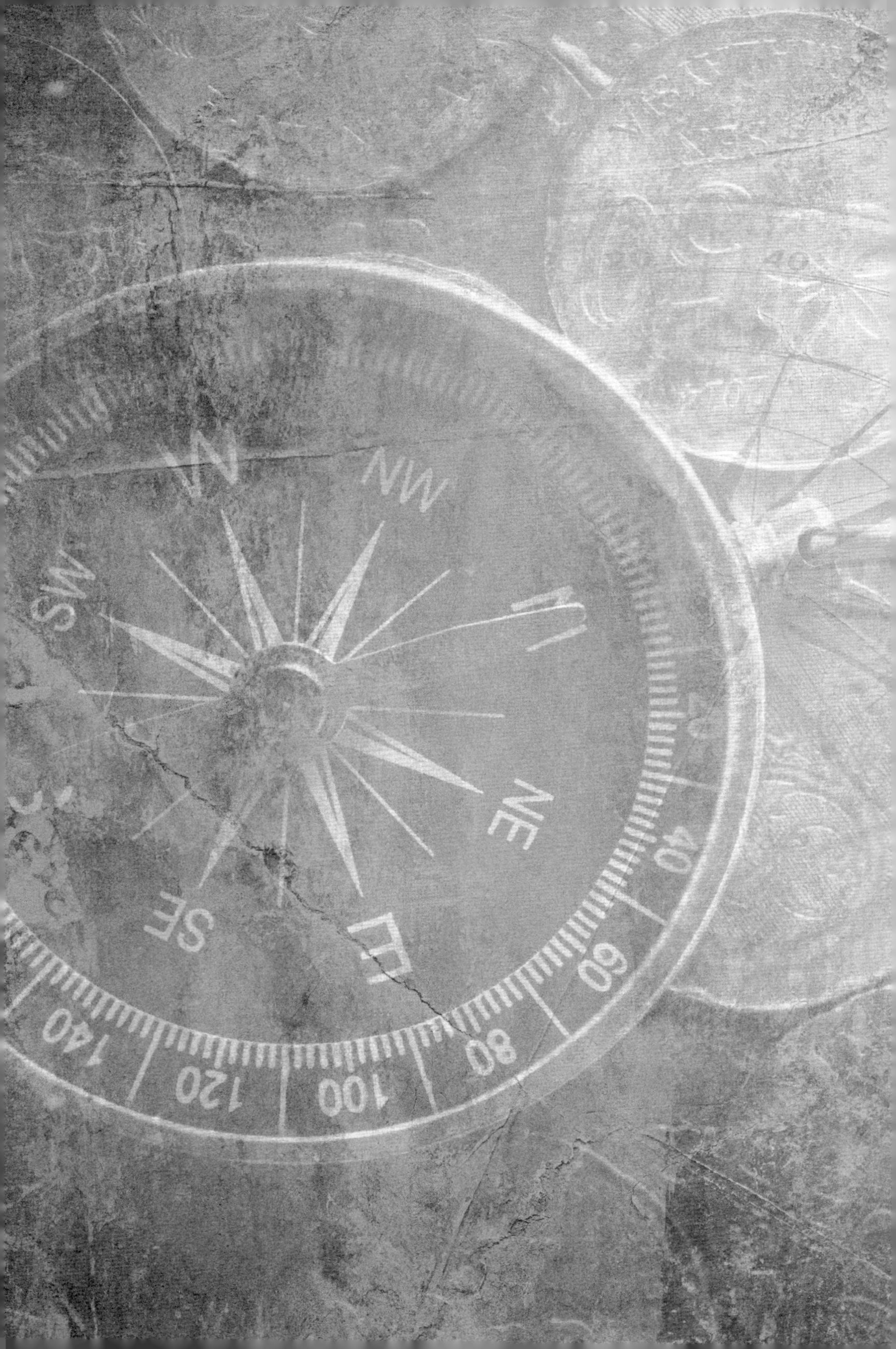

Segunda Parte

A Jornada da Gratidão pela Prosperidade Financeira

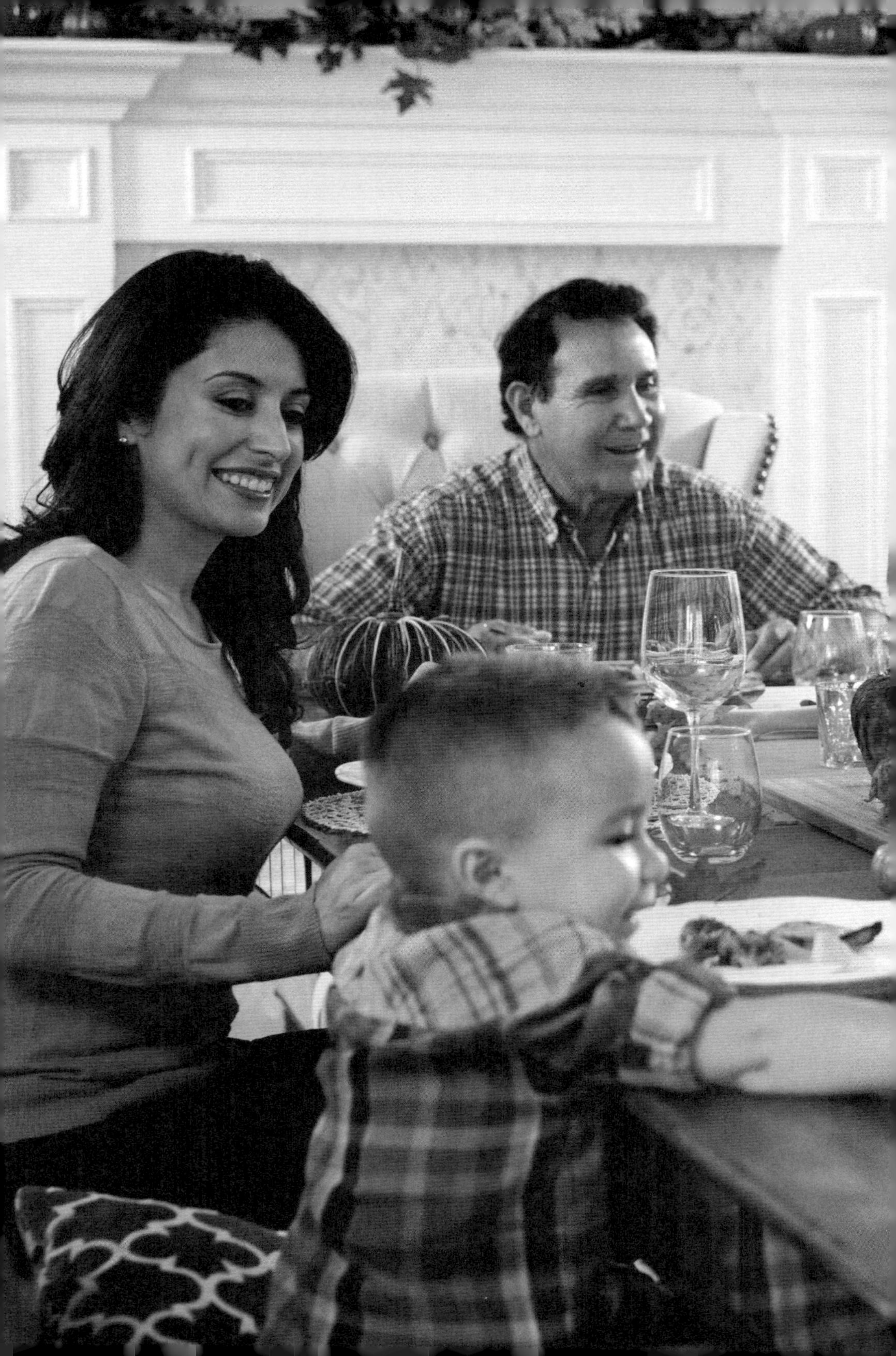

A Gratidão É, Antes de Tudo, um Hábito

Vamos começar agora a segunda parte de sua aprendizagem acerca de como conectar com toda a prosperidade financeira que o Universo tem para você. Para isso começaremos hoje uma sequência de **11 exercícios** a serem realizados todos os dias, um por dia, **durante 33 dias**, porque **você deve repetir a sequência ao menos 3 vezes**, até que o ato de agradecer diariamente vire um hábito em sua vida.

Segundo o estudo de Jane Wardle, do University College de Londres, publicado no *European Journal of Social Psychology*, para transformar um novo objetivo ou atividade em algo automático, de tal forma que não tenhamos de ter força de vontade, precisamos de 66 dias.

Foram analisadas 96 pessoas que deveriam escolher um comportamento diário que desejassem transformar em um hábito. Na maioria dos casos, levaram em média 66 dias até a formação de um hábito quando se tratava de algo mais complexo e 20 dias para atividades mais simples.

A partir desse estudo, optei por fazer para você uma caminhada de 33 dias, com 3 repetições da série de 11 exercícios. E se ao final das 3 séries você notar que ainda falha no hábito de agradecer, continue quanto tempo considerar necessário.

Lembre-se que agradecer é um comportamento que começa agora em sua vida, mas não tem data para acabar, a menos que você queira voltar a vibrar na frequência errada e ter novamente uma vida de escassez e privações financeiras.

E para garantir que o hábito da gratidão irá mesmo se instalar, vamos fazer o primeiro exercício que tem exatamente esse objetivo de implementar a aprendizagem da gratidão em seu cotidiano.

DIA 1

O Caderno da Gratidão pela Prosperidade Financeira

Este é nosso primeiro exercício e ele vai nos acompanhar durante os 33 dias (3 vezes 11) de sua Jornada da Gratidão pela Prosperidade Financeira.

Os alunos do curso ou os leitores do livro *A Gratidão Transforma* já fazem esse exercício, e se for esse o seu caso, fique atento, pois ao final deste capítulo vou explicar como você deve proceder para adaptar o seu Caderno da Gratidão ao Caderno da Gratidão pela Prosperidade Financeira. Combinado?

O exercício consiste no seguinte: você vai escolher um caderno que considere especial para ser o seu Caderno da Gratidão pela Prosperidade Financeira. É importante que lhe seja simpático porque irá te acompanhar durante todo esse período e possivelmente continuará sendo utilizado por você durante muito tempo, mesmo depois que encerrar a jornada.

Evite reaproveitar agendas ou cadernos velhos onde sobraram páginas. É importante que esse caderno seja significativo para você e escolhê-lo ou confeccioná-lo já faz parte do processo de mudança de seu padrão energético.

E o que você vai fazer com o caderno uma vez escolhido e preparado? Você vai começar a enumerar todas as bênçãos de sua vida financeira, as que já ocorreram, as que estão presentes hoje e as que começarão a acontecer durante a sua jornada.

O desafio é anotar 3 agradecimentos ligados à área financeira por dia, e isso faremos todos os dias a partir de hoje. Isso significa que, ao final da jornada, sua lista de agradecimentos estará no mínimo com 99 itens (3 por dia durante 11 dias multiplicado por 3 sequências de 11 dias).

O ideal é que você não repita o mesmo agradecimento mais de uma vez, porém, se por algum motivo é bem importante para você repetir porque aconteceu algo significativo, não há problema algum.

A princípio, talvez seja difícil encontrar 3 agradecimentos por dia, mas conforme for exercitando, perceberá que é capaz de lembrar-se de muito mais que 3 motivos ligados à área financeira para agradecer.

Queremos compartilhar essa experiência com nossa comunidade de pessoas que querem ajudar a transformar o mundo, então você pode tirar uma foto de seu caderno e postar em seu Facebook, lembrando de colocar **#jornadadagratidão**, **#prosperidade&gratidão**, **#marcialuz**, para que todos possam encontrar sua postagem.

Aprender a ser grato é muito poderoso porque a vida nos dá mais do mesmo. Se você agradece pelo dinheiro que recebeu de salário, ainda que esteja ganhando pouco, isso não vai fazer com que o Universo entenda que você está feliz e conformado apenas com aquele valor; o que ocorre energeticamente quando você agradece pelo dinheiro, e não importa a quantia, é que mais dinheiro chegará à sua vida; e aí você agradece de novo, e assim sucessivamente.

Quando terminar de escrever os 3 itens do dia, releia-os e diga 3 vezes em voz alta: obrigado, obrigado, obrigado, ou, se preferir, sou grato, sou grato, sou grato.

Quanto aos motivos para agradecer, você pode escolher dos mais simples aos mais significativos, os gerais e os específicos, os do seu passado, presente, ou as bênçãos que você sabe que o futuro está te reservando, sendo que todos eles devem estar ligados à área financeira de alguma maneira, incluindo o que você ganhou e o que deixou de gastar, pois ambos colaboram com sua prosperidade.

A seguir, alguns exemplos de motivos para ser grato ligados à área financeira que podem ocorrer no seu dia a dia:

- Aumento de salário
- Conquista de um cargo mais elevado na empresa
- Ganho de bônus e premiações
- Aumento das comissões
- Conquista de novos clientes
- Desconto na parcela de pagamento da casa própria
- Bolsa de estudo para você ou seus filhos
- Ganho de milhas aéreas e desconto em rede hoteleira
- *Upgrade* em plano de saúde
- Cupom de desconto para compras em supermercado ou restaurantes
- Recebimento de herança ou partilha de bens
- Presentes recebidos
- Achar moeda ou cédulas no chão
- Ser sorteado em premiações
- Conseguir taxas e rendimentos melhores que o habitual em aplicações financeiras

Quanto maior for a sua gratidão, mais rápido perceberá as transformações e ganhos em sua vida. Então faça de seu Caderno da Gratidão pela Prosperidade Financeira um grande companheiro de hoje em diante.

E para aqueles que já são alunos do curso ou leitores do livro *A Gratidão Transforma*, você poderá utilizar o mesmo Caderno da Gratidão que já possui, só que agora deverá acrescer à sua lista de 10 itens de gratidão diários que já pratica + 3 ligados à área financeira, porque este é o foco que você optou por dar neste momento em sua vida.

Recapitulando:

EXERCÍCIO NÚMERO 1:
Caderno da Gratidão pela Prosperidade Financeira

1. Escolha um caderno especial que será o seu Caderno da Gratidão pela Prosperidade Financeira;
2. Todos os dias, ao acordar, ou antes de dormir, anote três motivos ligados à área financeira pelos quais você é grato;
3. Uma vez anotados os três itens, releia-os e diga em voz alta 3 vezes: obrigado, obrigado, obrigado.
4. Repita esse exercício todos os dias durante os 33 dias da jornada.
5. Se você já for aluno do curso A Gratidão Transforma, poderá utilizar o mesmo Caderno da Gratidão que já possui, só que agora deverá acrescer à sua lista de 10 itens de gratidão diários que já pratica + 3 ligados à área financeira.

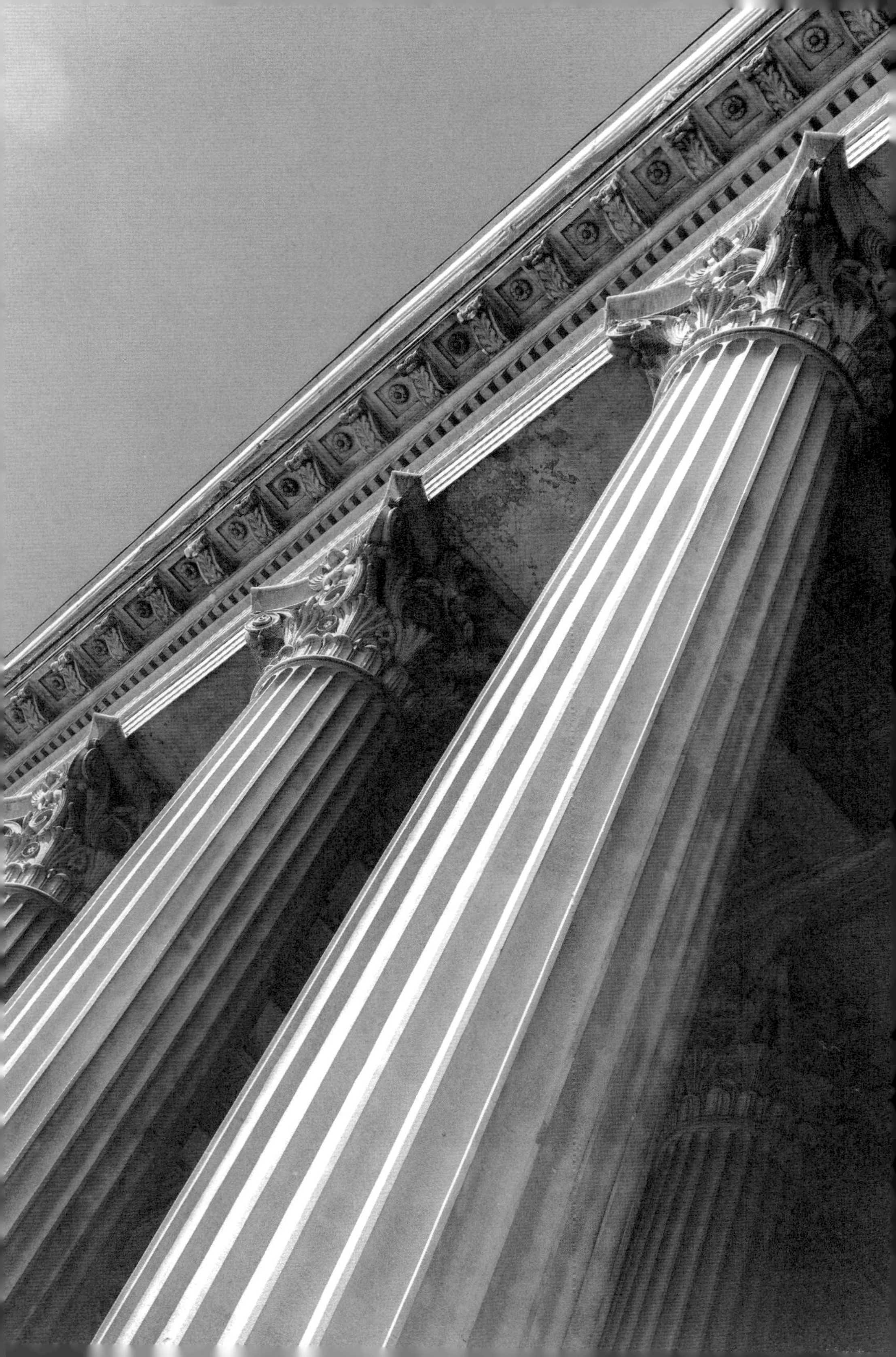

Reforçando os alicerces

Nossa mente, como uma casa, possui alicerces. Estes alicerces são os pensamentos que temos e achamos que são verdadeiramente nossos. Porém, na maior parte das vezes, esses pensamentos são somente repetições de padrões que aprendemos em nossa infância, com nossos pais, irmãos, professores, e outros adultos que tomamos como figuras de autoridade. Aprendidas desde pequenos, dificilmente questionamos se estas ideias são verdades absolutas – verdades para todos – ou se só são válidas dentro do meio em que vivemos.

Um exemplo de verdades absolutas: "todos nascemos de uma mulher", "todos vamos morrer um dia". Exemplos de verdades válidas só para um grupo social, ou familiar: "podemos comer de tudo e não vamos engordar" (válido para quem tem um organismo privilegiado que absorve tudo o que come, mas não para mim, por exemplo!); ou "todas as crianças devem ser batizadas ao nascer" (pergunte a um budista sobre isso...)

O nosso cérebro funciona igual a um computador. Enquanto o cérebro e os nervos são o *hardware* – a estrutura física – a nossa mente subconsciente é o "programa" que faz a estrutura funcionar. O que recebemos de informações através do que ouvimos, vemos, experimentamos (mente consciente) servem para "alimentar de informações" o nosso cérebro (igual ao teclado, ao mouse ou a tela do celular, por exemplo). A nossa mente subconsciente não julga o que recebe. Ela somente aceita e faz de tudo para cumprir as ordens do consciente.

Se uma mãe amada ou alguém que enxerguemos como uma autoridade (um professor, por exemplo) nos diz: "lave as mãos porque mexeu em dinheiro", nosso subconsciente entende que o dinheiro é sujo e deve ser evitado. Ele fará de tudo para cumprir a função de nos deixar longe do dinheiro. A culpa não é de quem nos ensinou, pois também foram ensinados assim. O problema reside no fato de que aquilo que escutamos das pessoas amadas e respeitadas ou de figuras de autoridade tendem a ser como ordens para o nosso subconsciente, formando nosso alicerce.

A depender dos "alicerces" que temos, podemos ter uma mente voltada para a prosperidade, para uma vida mediana ou para uma vida de escassez, ou mesclar os padrões, vivendo altos e baixos financeiros.

T. Harv Eker, autor de *Os Segredos da Mente Milionária*, deixa isso claro quando diz: "O meu mundo interior cria o meu mundo exterior". Ele fala que cada um tem seu "modelo de dinheiro", que, na prática, é a sua programação mental (seu alicerce) em relação às finanças.

O primeiro fator que cria esta programação mental é aquilo que ouvimos desde a mais tenra infância em relação ao dinheiro e às pessoas ricas, o valor das coisas e impostos. Quantas vezes você ouviu:

- Dinheiro é sujo!
- Com esta porcaria de dinheiro não dá para fazer nada!
- Esse governo nos tira tudo em impostos.
- Sou honesto, nunca serei rico.
- O dinheiro é a causa de todos os males.

Frases como estas simplesmente programaram milhares e milhares de pessoas para viverem na escassez, já que tinham que evitar o dinheiro (sujo, porcaria e causador de males), odiar impostos (que nos levam o dinheiro) e odiar os ricos (desonestos). Comigo e com você certamente não foi diferente. Estas programações são chamadas também de *crenças limitantes*, pois limitam realmente o nosso desenvolvimento financeiro e nossa prosperidade.

O que preciso que você entenda, primeiramente, é que dinheiro é **energia**. E como você já sabe, energia se propaga em ondas, e temos que alinhar essas ondas (lembre-se do pensamento+sentimento+ação) para que você possa se conectar com as oportunidades que estão à sua volta e a prosperidade entre em sua vida.

Quanto aos impostos, vamos seguir o mesmo raciocínio. Eles são taxados sobre a renda que a você tem, ou sobre bens que possui ou adquire. Portanto, pare de reclamar olhando os impostos e comece a agradecer pelo que tem! Um amigo meu, advogado, ao me ouvir reclamar sobre ter que pagar IPTU, há alguns anos, disse-me: "Se não quer pagar ou não tem como pagar, venda o imóvel, pois você não o merece". Juro, nunca mais reclamei!

Sobre os ricos, esta é mais uma crença limitante que devemos mudar. Adianto aqui que, em sua maioria, eles são pessoas honestas e confiáveis, ou não conseguiriam estar onde estão, porque não há mal que para sempre perdure, e como já vimos, pessoas ricas sabem exercitar a gratidão, a generosidade e o "ganha-ganha" de forma exemplar. Ou você aprende a admirar pessoas ricas ou jamais conseguirá ser uma delas. E por que é importante que você seja uma delas?? Para gerar mais riqueza para o mundo e auxiliar o maior número possível de pessoas em sua caminhada.

Agora quero te apresentar o segundo exercício, no qual você vai começar a refazer os alicerces de seus pensamentos para a prosperidade financeira.

DIA 2

Construindo Alicerces Sólidos

Escolha um lugar calmo, respire fundo e lembre-se de sua infância. Procure lembrar-se de frases que seus pais, familiares e educadores usavam em relação ao dinheiro. Preste atenção na sensação que você sente ou nas ideias que lhe veem à mente quando repete estas frases.

Agora, anote numa folha de papel as frases que lhe vieram à lembrança. Se lembrar de quem as pronunciava, anote ao lado, junto com os sentimentos ou pensamentos que desencadearam. Note bem, cada um que nos ensinou acreditava que isso era verdade. Estavam nos dando o melhor que eles podiam, portanto neutralize qualquer sentimento de rancor que porventura venha a aparecer, inicialmente, com a seguinte frase:

"(fulano de tal – pai, mãe, professor, tio, avô) *sou grato por ter me ensinado suas verdades em relação ao dinheiro. Sei que você irá me ensinar agora novas verdades para que minha vida seja próspera.*"

Agora, para cada frase limitante que você escreveu no papel sobre o dinheiro, crie uma nova frase positiva. Por exemplo:

No lugar de: "Dinheiro é sujo" escreva: "O dinheiro é o responsável por tudo de belo e bom que vemos e temos no mundo".

Ao invés de: "Com esta porcaria de dinheiro não dá para fazer nada" substitua por: "O dinheiro é uma benção na vida das pessoas".

Troque a frase: "Esse governo nos tira tudo em impostos" pela frase: "Impostos mostram o quanto eu sou próspero".

E mude a frase: "Sou honesto, nunca serei rico" para: "Ricos são honestos e merecedores do fruto de seu trabalho".

E assim por diante.

Agora, vou pedir que você volte a lembrar da pessoa ou pessoas da qual ouviu a primeira frase limitadora que você anotou. A seguir, feche os olhos e imagine esta pessoa com detalhes. Então veja e escute esta pessoa falando para você as novas frases empoderadoras que você criou. No início vai até dar uma sensação de estranheza imaginar, por exemplo, a sua mãe que sempre dizia que o dinheiro era sujo dizendo: "O dinheiro é o responsável por tudo de belo e bom que vemos e temos no mundo". Sei que soa estranho, mas lembre-se que você controla seus pensamentos e não o contrário, então imaginar sua mãe falando isso é só uma questão de escolher e dar a ordem ao seu cérebro.

E cada vez que ela falar a frase, repita a frase com ela.

Faça isso para cada mensagem que precise mudar na sua programação mental e estará substituindo suas crenças limitantes por outras que te darão alicerces sólidos para a prosperidade.

Repita cada uma das novas frases empoderadoras quantas vezes sentir necessidade, lembrando sempre de imaginar que elas estão sendo ditas por pessoas significativas em sua vida.

Finalize dizendo:

"Sou grato a você (mãe, pai, etc.) *por me dar os alicerces para uma vida próspera".*

Lembre-se que sua mente é incapaz de diferenciar o real do imaginário, então, para ela, será como se aquela pessoa significativa em sua vida estivesse agora te ensinando uma nova lição, e isso terá um poder enorme sobre a sua relação com o dinheiro.

Recapitulando:

EXERCÍCIO NÚMERO 2:
Construindo Alicerces Sólidos

1. Ao acordar, ou antes de dormir, anote em seu Caderno da Gratidão pela Prosperidade Financeira os 3 itens de hoje relacionados à prosperidade financeira pelos quais é grato; releia-os e diga em voz alta 3 vezes: obrigado, obrigado, obrigado.
2. Procure lembrar-se de frases limitantes que seus pais, familiares e educadores usavam em relação ao dinheiro.
3. Anote numa folha de papel essas frases e o nome de quem as pronunciava.
4. A fim de libertá-los da culpa por ter feito isso, diga: (Pai, mãe, professor, etc.) *sou grato por ter me ensinado suas verdades em relação ao dinheiro. Sei que você irá me ensinar agora novas verdades para que minha vida seja próspera.*
5. Para cada frase limitante sobre o dinheiro que você escreveu no papel, crie uma nova frase positiva.
6. Lembre-se novamente da pessoa que dizia a frase limitante e agora imagine-a dizendo a frase empoderadoras que você criou, como, por exemplo: "O dinheiro é o responsável por tudo de belo e bom que vemos e temos no mundo".
7. Repita cada uma das novas frases empoderadoras quantas vezes sentir necessidade, lembrando sempre de imaginar que elas estão sendo ditas por pessoas significativas em sua vida.
8. Finalize dizendo: "*Sou grato a você* (mãe, pai, etc.) *por me dar os alicerces para uma vida próspera*".

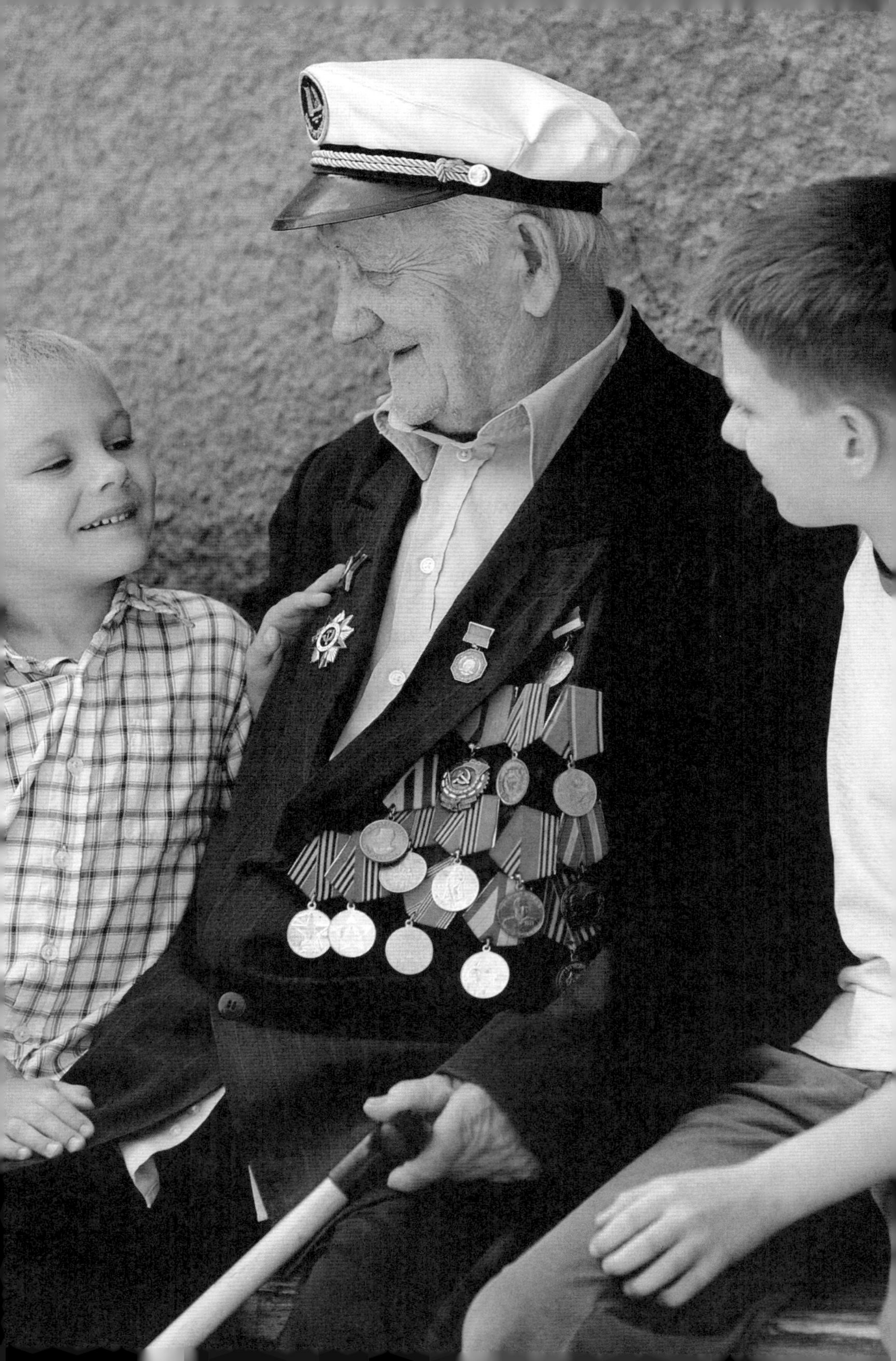

O poder dos exemplos

Agora falaremos do segundo fator que criou a nossa programação mental e algumas de nossas crenças limitantes. Uma das formas de aprendermos a ser quem somos e fazer o que fazemos hoje é através dos **exemplos**, que vieram das pessoas que eram nossos modelos – pais, avós, tios, professores etc. Este é o segundo tipo de influência que nosso subconsciente recebe. Aprendemos desde cedo por imitação. Se o que ouvimos são os alicerces, podemos dizer que os exemplos são as paredes que vão sendo levantadas na construção de nossa programação mental.

Quem já viu o filme *Forest Gump* poderá lembrar-se de várias cenas, onde o personagem preserva a inocência infantil e faz algumas coisas que chamam a atenção: escuta tudo o que a mãe e seus amigos dizem como verdades e os obedece ao pé da letra (influência do que escutamos), imita os padrões das pessoas com quem convive, e com isso torna-se um excelente soldado, campeão de ping-pong, pescador e assim por diante, mesmo com um raciocínio infantil.

No nosso cotidiano também tomamos como modelo pessoas em quem confiamos e em quem nos espelhamos. Rimos como nosso pai, andamos como nossa mãe, nos sentamos com a perna cruzada como o tio e assimilamos sem perceber suas atitudes em relação ao dinheiro e as reproduzimos até hoje!

Certo aluno de um de meus cursos relatou que suas maiores dificuldades eram controlar o próprio dinheiro e sair com mais de 100 reais na carteira. Contou-me que, até casar-se, era a mãe quem controlava todo o dinheiro da casa, e ela dava somente 100 reais para ele e 100 reais ao seu pai para passarem a semana. Quando se casou, pediu à esposa que fizesse o controle financeiro e lhe separasse um montante semanal. Ela sempre lhe dava 200 reais, e ele não conseguia levar todo o dinheiro, sentindo como se não lhe pertencesse!

Outra aluna, que vinha de família humilde, passou a infância usando roupas de segunda mão, que a avó cuidadosamente procurava para ela em brechós de igreja e bazares beneficentes. Já adulta, mesmo tendo uma posição financeira confortável, via-se entrando em brechós e bazares, repetindo os passos de sua avó à procura de roupas para si mesma, e sentia-se mal em entrar numa loja de shopping, por exemplo.

Eu também fui vítima deste tipo de exemplo. Meu pai era estivador do porto de Santos e minha mãe, dona de casa. Vivíamos com o salário modesto de meu pai, que era administrado por minha mãe. Ela, por sua vez, não media esforços para economizar, a fim de poder oferecer para mim o melhor padrão de vida possível. Lembro-me como se fosse hoje da minha mãe secando a única calça jeans que possuía atrás da geladeira, e assim evitando de comprar outra, para economizar para as minhas roupas. Não, eu nunca tive apenas uma calça jeans, nem as sequei atrás da geladeira, mas tive que lutar muito para me sentir merecedora de comprar alguma coisa para mim, e não apenas para os meus filhos.

Como se pode ver, estes exemplos são repetidos inconscientemente por muitos anos ou uma vida inteira e podem estar neste momento prejudicando a sua prosperidade financeira. Nos três casos anteriores, meus dois alunos e eu não nos achávamos merecedores de termos mais do que aquilo que ficou gravado em nossas mentes, ou seja, 100 reais na carteira, roupa de brechó e presentes para os filhos. Eles não se davam novas oportunidades, pois simplesmente não tinham ninguém que lhes dessem novos modelos ou exemplos para seu subconsciente. Eu precisei fazer um esforço consciente para mudar esse padrão em minha vida. Estes comportamentos limitados são chamados de **comportamentos sabotadores**.

Para mudarmos estes comportamentos sabotadores teremos que apagar os exemplos antigos e colocar modelos ou exemplos novos. Não se preocupe se não tiver uma pessoa de carne e osso para usar de exemplo. Para o nosso cérebro, a imaginação é tão real quanto o que vivemos. Agora nós podemos usar a criatividade para visualizar onde queremos chegar.

Existe uma outra questão poderosa em relação aos exemplos sobre a qual precisamos refletir. Os exemplos em si não são bons ou ruins; tudo depende de como você irá interpretar aquela situação. O ser humano é livre para fazer escolhas a partir dos estímulos externos que recebe, e isso define o seu caráter.

Acompanhe comigo a seguinte história do João e Mário:

João era um importante empresário. Morava em um apartamento de cobertura, na zona nobre da cidade.

Naquele dia, João deu um longo beijo em sua amada e fez em silêncio a sua oração matinal de agradecimento a Deus pela sua vida, seu trabalho e suas realizações.

Após tomar café com a esposa e os filhos, João levou-os ao colégio e se dirigiu a uma de suas empresas.

Chegando lá, cumprimentou com um sorriso os funcionários, inclusive Dona Tereza, a faxineira.

Tinha ele inúmeros contratos para assinar, decisões a tomar, reuniões com vários departamentos da empresa, contatos com fornecedores e clientes, mas a primeira coisa que disse para sua secretária foi: "Calma, fazer uma coisa de cada vez, sem stress".

Ao chegar a hora do almoço, ele foi para casa curtir a família. A tarde tomou conhecimento que o faturamento do mês superou os objetivos e mandou anunciar que todos os funcionários teriam gratificações salariais no mês seguinte. Apesar da sua calma, ou talvez, por causa dela, conseguiu resolver tudo que estava agendado para aquele dia. Como já era sexta-feira, João foi ao supermercado, voltou para casa, saiu com a família para jantar e depois foi dar uma palestra para estudantes, sobre motivação para vencer na vida.

Enquanto isso, em bairro mais pobre de outra capital, vive Mário. Como fazia em todas as sextas-feiras, Mário foi para o bar jogar sinuca e beber com amigos. Já chegou lá nervoso, pois estava desempregado. Um amigo seu tinha lhe oferecido uma vaga em sua oficina como auxiliar de mecânico, mas ele recusou, alegando não gostar do tipo de trabalho. Mário não tinha filhos e estava também sem uma companheira, pois sua terceira mulher partiu dias antes, dizendo que estava cansada de ser espancada e de viver com um inútil.

Ele estava morando de favor num quarto imundo no porão de uma casa.

Naquele dia, Mário bebeu mais algumas, jogou, bebeu, jogou e bebeu até o dono do bar pedir para ele ir embora. Ele pediu para pendurar a sua conta, mas seu crédito havia acabado, então armou uma tremenda confusão... e o dono do bar o colocou para fora.

Sentado na calçada, Mário chorava pensando no que havia se tornado sua vida, quando seu único amigo, o mecânico, apareceu após levá-lo para casa e curando um pouco o porre, ele perguntou a Mário:

– Diga-me, por favor, o que fez com que você chegasse até o fundo do poço desta maneira?

Mário então desabafou:

– A minha família.... Meu pai foi um péssimo exemplo. Ele bebia, batia em minha mãe, não parava em emprego nenhum. Tínhamos uma vida miserável.

Quando minha mãe morreu doente, por falta de condições, eu saí de casa, revoltado com a vida e com o mundo. Tinha um irmão gêmeo, chamado João, que também saiu de casa no mesmo dia, mas foi para um rumo diferente, nunca mais o vi. Deve estar vivendo dessa mesma forma.

Enquanto isso, na outra capital, João terminava sua palestra para estudantes. Já estava se despedindo quando um aluno ergueu o braço e lhe fez a seguinte pergunta:

– Diga-me, por favor, o que fez com que o senhor chegasse até onde está hoje, um grande empresário e um grande ser humano?

João emocionado, respondeu:

– A minha família. Meu pai foi um péssimo exemplo. Ele bebia, batia em minha mãe, não parava em emprego nenhum. Tínhamos uma vida miserável.

Quando minha mãe morreu, por falta de condições, eu saí de casa, decidido que não seria aquela vida que queria para mim e minha futura família.

Tinha um irmão gêmeo, chamado Mário, que também saiu de casa no mesmo dia, mas foi para um rumo diferente, nunca mais o vi. Deve estar vivendo dessa mesma forma.

Moral da história:

O que aconteceu com você até agora não é o que vai definir o seu futuro, e sim a maneira como você vai reagir a tudo que aconteceu. Sua vida pode ser diferente, não se lamente pelo passado, construa você mesmo o seu futuro.

Autor desconhecido

Dia 3

Utilizando o Poder dos Exemplos

Na primeira parte deste exercício você terá que se lembrar dos exemplos de comportamento em relação ao dinheiro e seu uso, que teve dos adultos que te cercaram na infância. Analise se esses são **comportamentos sabotadores**, se você os repete e se eles estão prejudicando sua prosperidade financeira. Alguns exemplos que você pode estar repetindo hoje:

- Um parente que sempre que tinha um dinheiro sobrando metia-se numa sociedade, ou negócio novo, e acabava por perder tudo e se colocar em dívidas;
- Uma parente que toda vez que se chateava – com alguém, com o emprego – voltava carregada de sacolas de compras para casa, por impulso.
- Um parente que sempre xingava e dizia que ganhava uma miséria quando olhava seu contracheque.
- Um parente que sempre atrasava os pagamentos das contas e fugia de credores.
- Um parente que "torrava" o dinheiro em saídas com amigos e vivia pedindo emprestado para pagar contas...

Agora vamos derrubar as "paredes" dos comportamentos sabotadores:

1 - Escreva numa folha de papel cada comportamento sabotador que identificar.

2 - Leia o que escreveu e responda na folha, ao lado do comportamento:
- É bom para você continuar fazendo isso? Sim/não?
- O que acontece quando você repete este comportamento?
- Como você se sente?
- Qual a consequência para os que convivem com você?

3- Como tudo é aprendizado, escreva: **"SOU GRATO POR VER QUE (DESCREVA O COMPORTAMENTO) NÃO É MAIS NECESSÁRIO EM MINHA VIDA".**

Agora que você descreveu seu comportamento e suas consequências, e agradeceu pelo aprendizado, vamos ao próximo passo. Lembre-se: nosso objetivo é alinhar o "cabo de guerra" (pensamento+sentimento+ação) para "construir novas paredes" de pensamentos prósperos.

4 - Você vai agora pensar ou imaginar o que pode fazer de diferente em relação àquele comportamento nocivo. Exemplos: quando tiver dinheiro sobrando, colocar numa poupança ou investimento; analisar prós e contras antes de querer entrar numa sociedade; se quiser entrar numa loja por impulso, perguntar a si mesmo se realmente precisa daquilo; olhar o contracheque e agradecer pelo salário que entrou; pagar as contas em dia; separar 10% do seu ganho mensal para diversão e respeitar este limite.

5 - Agora descreva no papel seu novo comportamento (ação) e como se sente imaginando-se ao agir dessa forma (sentimento). Feche os olhos e imagine-se como descreveu.

6 - Agora repita a frase:

"**EU SOU GRATO POR ESCOLHER FAZER** (DESCREVA AQUI O NOVO COMPORTAMENTO), **POIS SEI QUE SOU MERECEDOR DE PROSPERIDADE FINANCEIRA EM MINHA VIDA!**"

Parabéns! Você acaba de alinhar pensamento, sentimento e ação!

Recapitulando

EXERCÍCIO NÚMERO 3:
Utilizando o Poder dos Exemplos

1. Ao acordar, ou antes de dormir, anote em seu Caderno da Gratidão pela Prosperidade Financeira os 3 itens de hoje relacionados à prosperidade financeira pelos quais é grato; releia-os e diga em voz alta 3 vezes: obrigado, obrigado, obrigado.
2. Escreva numa folha de papel cada comportamento sabotador que identificar.
3. Leia o que escreveu e responda na folha, ao lado do comportamento: É bom para você continuar fazendo isso? Sim/não? / O que acontece quando você repete este comportamento? / Como você se sente? / Qual a consequência para os que convivem com você?
4. Escreva: "SOU GRATO POR VER QUE (DESCREVA O COMPORTAMENTO) NÃO É MAIS NECESSÁRIO EM MINHA VIDA".
5. Pense ou imagine o que pode fazer de diferente em relação àquele comportamento nocivo.
6. Descreva no papel seu novo comportamento (ação) e como se sente imaginando-se ao agir dessa forma (sentimento).
7. Agora repita a frase: "**EU SOU GRATO POR ESCOLHER FAZER** (DESCREVA AQUI O NOVO COMPORTAMENTO), **POIS SEI QUE SOU MERECEDOR DE PROSPERIDADE FINANCEIRA EM MINHA VIDA!** "

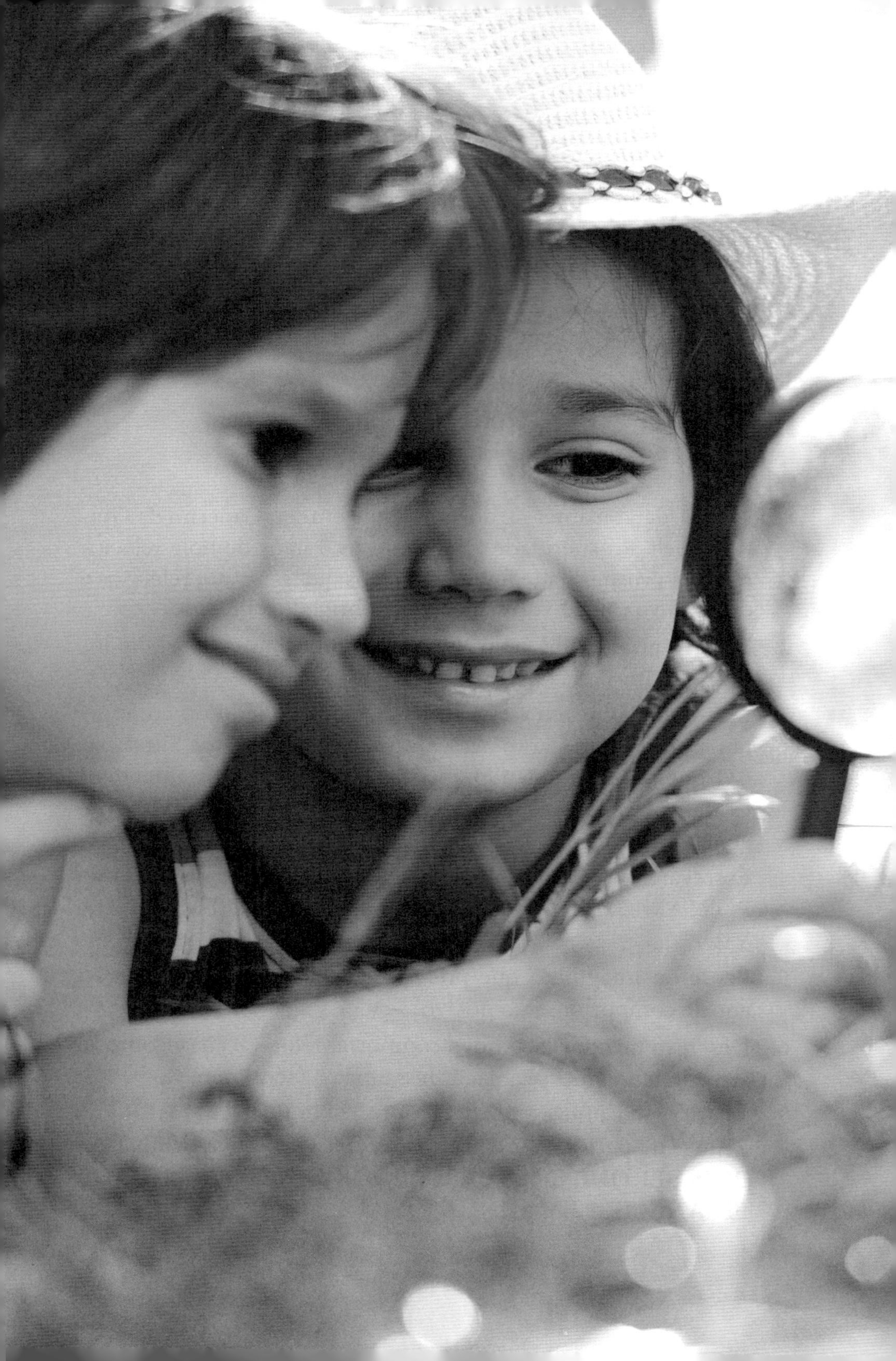

A força das experiências

Aqui vou falar sobre as nossas próprias experiências em relação ao dinheiro. Além dos alicerces que recebemos e das atitudes que repetimos, as experiências que vivenciamos são importantes pela interpretação que damos a elas, pois iremos repetir padrões de comportamento quando experiências semelhantes acontecerem. Se continuarmos a comparar a uma construção, podemos dizer que as experiências são como a massa corrida que passamos na parede crua: ela só pode entrar em cena quando alicerces e paredes foram devidamente erguidos.

Experiências significativas ficam marcadas em nosso subconsciente, e o padrão de resposta torna-se automático. Da mesma forma que não questionamos os ensinamentos de pessoas importantes em nossa vida, também não costumamos questionar as atitudes automáticas que temos frente a acontecimentos semelhantes que vivenciamos e no marcaram.

Um aluno de meu curso conta que, há anos, toda vez que ia pagar uma conta no caixa do banco, sentia-se mal-humorado assim que pisava na agência, e seu mau humor aumentava à medida que o tempo passava na fila do banco. Quando chegava em frente ao atendente de caixa, não conseguia conter-se e sempre era ríspido com a pessoa, a qual o atendia secamente. Ele não sabia explicar o motivo de sua atitude, dizia que era mais forte que ele, e isso o constrangia muito. Um certo dia, ao chegar à boca do caixa, a atendente o recebeu com um sorriso e um "bom dia" antes mesmo que ele pudesse abrir a boca. Em seguida ela disse: "Nada como poder pagar uma conta em dia, não é, senhor?". Isso o desarmou por completo. Ao voltar para casa lhe veio a recordação de seu início de vida adulta, em que ganhava mal e a cada conta que pagava via seu salário se esvair, sentindo-se lesado. Percebeu que era exatamente o mesmo sentimento que tinha quando entrava no banco para pagar contas, ainda que naquele momento atual sua situação financeira fosse mais confortável do que no seu início de vida. A partir da fala daquela atendente, entendeu que não precisava mais ter aquele sentimento negativo.

Esse mesmo aluno, ao iniciar o curso a Gratidão Transforma, deu-se conta que, além de deixar de ser ríspido, deveria agradecer – como sugeriu brilhantemente a atendente do caixa – por ter condições de pagar suas contas e em dia! Daí em diante, a partir do momento em que pegava o boleto para pagar, agradecia por ter condições financeiras para saldar seus débitos e usufruir de uma série de confortos pelos quais estava pagando.

Outra aluna de um de meus cursos relatou que sempre chegava ao final do mês sem dinheiro e acabava por pedir emprestado aos pais, que a socorriam financeiramente. Ela não se conformava, pois tinha uma boa remuneração por seu trabalho e gastava compulsivamente até ver-se zerada mensalmente. Fazendo um exercício de visualização, lembrou-se de uma cena da adolescência, em que seu irmão dizia que sua mesada sempre era maior do que a dela, pois "torrava" todo o dinheiro e os pais lhe cobriam as despesas, enquanto ela guardava o que recebia por meses, para gastar com parcimônia em algo que lhe agradasse. Naquele dia ela sentiu-se uma verdadeira otária perante seu irmão, e movida pela raiva, daí em diante começou a fazer o mesmo que ele, hábito que perdurava até aqueles dias.

Durante o exercício ela percebeu que não precisava mais gastar o dinheiro compulsivamente para igualar-se ao seu irmão adolescente (que se tornou um adulto responsável assim que começou a bancar as próprias contas). Ao fazer o curso da Gratidão percebeu que podia ser grata por seu padrão natural de ser econômica e que não era nenhuma "otária" por isso. Contou-me, meses depois, que além de não terminar o mês zerada, já estava economizando dinheiro e planejava juntar para comprar seu primeiro imóvel.

Como você pode perceber, algumas experiências falam mais alto do que nosso próprio padrão, e adquirimos atitudes, hábitos que nos prejudicam. Podemos mudar e ressignificar essas experiências através da gratidão, para que entremos ou voltemos à estrada da prosperidade.

E o que é ressignificar? É dar um novo significado para algo que aconteceu no passado, contar a história vendo-a por um outro ângulo, e mudar a partir daí as respostas que daremos para experiências semelhantes.

Dia 4

Ressignificando Experiências

Neste exercício vamos voltar para situações que originaram maus hábitos em relação ao dinheiro, tanto na forma de ganhar como na forma de gastar, originados por alguma experiência negativa que tenhamos vivenciado.

Comece escrevendo uma experiência negativa em relação ao dinheiro que você teve. Descreva o que aconteceu, com quem você estava, como você se sentiu naquela ocasião. Exemplo: ter sido promovido em seu primeiro emprego e não ter conseguido atender às expectativas de seu superior, perdendo o cargo e o aumento de salário. Sentiu-se envergonhado perante os colegas, incapaz de enfrentar novos desafios e desvalorizado por ter perdido a promoção.

A seguir compare com o que você faz hoje em situações semelhantes, tanto nas ações, quanto nos sentimentos que tem. Exemplo: perceber que sempre sai do emprego antes de ser promovido, sentindo-se com medo das novas responsabilidades, e perceber que se sente igual ao seu primeiro emprego.

Depois feche os olhos e reflita sobre o que você aprendeu com este hábito negativo. Escreva: "Agradeço por ter aprendido hoje que (anulação do velho hábito anterior, exemplo: não preciso mais ter medo de novos desafios) e sou capaz de (descreva sua nova atitude, exemplo: conquistar novos patamares profissionais, porque me preparei e sou merecedor)".

Agradeceu pelo aprendizado? Agora é hora de você se comprometer consigo mesmo. Cada vez que a situação se repetir, você conscientemente irá tomar a nova atitude descrita anteriormente. Exemplo 1: o meu aluno da fila do banco pagará a conta agradecendo por ter o dinheiro suficiente e sendo educado com o atendente do caixa. Exemplo 2: minha aluna irá separar o dinheiro para as despesas mensais, devolverá mensalmente uma quantia fixa para os pais e quitará suas dívidas.

Por último, agradeça cada vez que realizar esse novo comportamento.

Recapitulando

EXERCÍCIO NÚMERO 4:
Ressignificando Experiências

1. Ao acordar, ou antes de dormir, anote em seu Caderno da Gratidão pela Prosperidade Financeira os 3 itens de hoje relacionados à prosperidade financeira pelos quais é grato; releia-os e diga em voz alta 3 vezes: obrigado, obrigado, obrigado.
2. Escreva uma experiência negativa em relação ao dinheiro que você teve.
3. Compare com o que você faz hoje em situações semelhantes, tanto nas ações, quanto nos sentimentos que tem.
4. Feche os olhos e reflita sobre o que você aprendeu com esse hábito negativo. Escreva: "agradeço por ter aprendido hoje que (anulação do velho hábito anterior, exemplo: não preciso mais ter medo de novos desafios) e sou capaz de (descreva sua nova atitude, exemplo: conquistar novos patamares profissionais porque me preparei e sou merecedor)".

5. Comprometa-se consigo mesmo. Cada vez que a situação se repetir, você conscientemente irá tomar a nova atitude descrita anteriormente.
6. Agradeça cada vez que realizar esse novo comportamento.

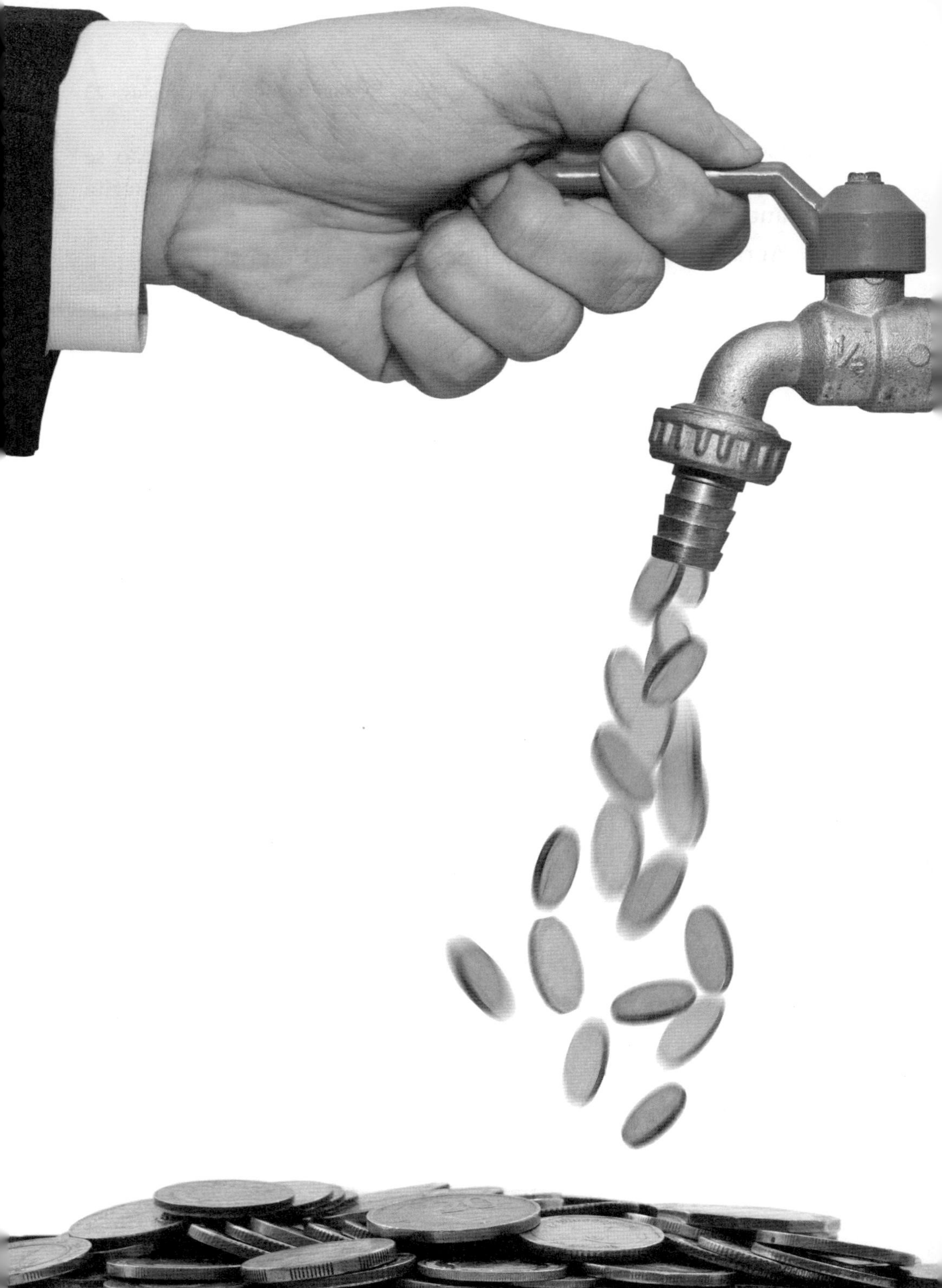

Ganhar e gastar. Um equilíbrio necessário

Quando eu era mais jovem e estava numa condição financeira bem apertada, imaginava que as pessoas ricas ganhavam muito dinheiro e gastavam ao seu bel-prazer, vivendo num paraíso. Não conseguia conceber o dinheiro vindo de outra forma que não fosse trabalho duro, suado, matando um leão por dia. E na minha experiência nunca sobrava dinheiro para poder gastar como quisesse. Isso era frustrante e era o que eu tinha por realidade.

Durante meus mais de 20 anos de formação, li muito sobre prosperidade e comecei a me dar conta que as pessoas ricas conseguiam fazer dinheiro gerar mais dinheiro, a partir de um determinado momento, sem terem que matar o tal leão por dia. Não significa que elas não fizessem mais nada e o dinheiro crescesse como se tivesse posto fermento. Elas ainda gerenciavam seu capital, mas o montante inicial havia sido gerado muito antes para elas estarem naquele patamar de prosperidade.

Também tinha aquela falsa ideia de que ganhando pouco eu nunca teria como guardar dinheiro e que só quem ganhava muito poderia fazer isso. Essa crença limitante também foi totalmente eliminada durante meus estudos. Descobri algo que não me passava pela cabeça: **não importa o quanto você ganha, mas o quanto você guarda**.

Lendo o livro do Carlos Wizard Martins, *Desperte o Milionário que Há em Você*, sobre a trajetória dele, me deparei com um trecho que não me saiu da cabeça por muitos dias. Ele contava que quando a rede Wizard completou 10 anos de existência, resolveu fazer um megaevento em Orlando, na Flórida, para comemorar em alto estilo, premiando colaboradores e promovendo palestras e *workshops*. Porém, após a realização do mesmo, ainda no quarto do hotel, nos Estados Unidos, sua esposa o indagou do motivo pelo qual estava "tão entusiasmado e empolgado". Ele respondeu que há dez anos encontrava-se desempregado e naquele momento tinha uma escola que gerava milhares de empregos, educava muita gente, entre outras coisas. Ela lhe perguntou então se ele sabia o quanto tinham na conta bancária naquele momento. Ele respondeu que não. E foi aí que ele entrou em choque ao descobrir que, após 10 anos, tinha exatos R$ 3.000 em conta. Confesso que eu também fiquei abismada: Como assim, uma grande franquia render ao dono somente R$ 3.000 após 10 anos?

Carlos Wizard conta que a partir daquele momento reformulou toda a empresa e passou a usar um sistema de gestão diferente do que aplicava até então. Para resumir aqui seu ensinamento, seja lá o quanto for que você ganhe, separe 20% do que ganha – na fonte – para sua poupança e viva com os 80% restantes. Os 20% que você separou não podem existir para você e para sua mente para serem gastos. Esses 20% são sagrados e devem ser poupados, ou melhor aplicados, para que comecem a trabalhar para você.

Este princípio também é referendado por T. Harv Eker, quando fala para abrirmos nossa "Conta da Liberdade Financeira". Ele diz que, independentemente da quantidade de dinheiro que receba, deve separar 10% do montante nesta conta, que servirá para fazer investimentos e gerar mais dinheiro, que garantirão sua aposentadoria. Eker também nos alerta dizendo que as pessoas costumam olhar pelo lado errado da situação, ao dizerem: "Quando possuir muito dinheiro, começarei a administrá-lo". Ele nos adverte dizendo que devemos pensar – e agir – assim: *"Quando eu começar a administrar minhas finanças, terei muito dinheiro"*.

Não sei se você percebe, mas quando pensamos que não temos o suficiente para poupar, simplesmente estamos desmerecendo o que temos, ou seja, não estamos usando a gratidão em todo seu potencial. Quando você diz a alguém: "Você não é tudo aquilo que eu sonhava, baby", você acha que essa pessoa vai ficar ao seu lado? A não ser que seja algum masoquista, ou tenha a autoestima lá na ponta do chinelo, garanto que não vai.

E o dinheiro age como uma pessoa, exatamente de acordo com a energia que você dedica a ele. Se você olha para seu contracheque ou extrato de banco com aquela cara de desapontamento, dizendo "você não é tudo aquilo que eu sonhava, Money", você está desmerecendo o potencial do dinheiro como desmerece o da pessoa hipotética que citei. Ele também vai virar as costas para você. Ele não vai se esforçar para te agradar. Ele irá para o bolso de alguém que é grato ao que recebe.

Se você tiver 10 reais, separe 1 ou 2 reais e coloque num cofrinho, para começar. Cada vez que receber seu salário ou for pago por um serviço, separe a porcentagem que puder no momento, seja 10 ou 20% para poupar e investir.

E aqui fica terminantemente PROIBIDO dizer que não dá, que não está sobrando um único centavo, que é impossível guardar de 10 a 20% se o que você ganha hoje já não paga as contas. Se for necessário, refaça as contas, corte gastos, consiga novas fontes complementares de renda, mas guardar de 10 a 20% de tudo o que entrar, como primeira providência, antes mesmo de pagar as contas, será obrigatório, combinado?

Lembre-se: nada muda se você não mudar. Foi agindo como sempre agiu que você chegou à vida que tem hoje. Se não está completamente satisfeito com o que construiu, precisará mudar o padrão mental e de comportamento a começar AGORA.

Se quiser, você depois poderá conhecer o sistema de T. Harv Eker no livro *Os Segredos da Mente Milionária*, que é interessante por contemplar outras áreas: despesas a longo prazo, instrução financeira (e outros cursos), conta da diversão, doações e necessidades básicas (aqui, ele coloca 50% de tudo o que ganha). O que significa que os outros 50% serão todos direcionados para as outras contas/despesas.

Dessa forma, seu dinheiro passa a ter destino certo, ter foco, e você enxerga o potencial dele como instrumento criador de melhorias em sua vida. Você começa a ter gratidão por tudo o que ele te proporciona. E adivinhe? Ele vai trabalhar com prazer para você!

Ensinei em meu livro/curso A Gratidão Transforma o seguinte exercício, que quero que repita se já o conhecer, ou o faça agora se for a primeira vez que entra em contato com ele: pegue uma nota de R$ 50 ou de R$ 100. Em um papel, escreva: "OBRIGADO POR TODO O DINHEIRO QUE RECEBO AO LONGO DA VIDA!"

Agora cole este bilhete em seu dinheiro. Esta nota será o seu "ímã" que atrairá mais dinheiro para você. Coloque essa nota em sua carteira, e cada vez que a abrir, segure sua nota e repita: "OBRIGADO POR TODO O DINHEIRO QUE RECEBO AO LONGO DA VIDA!". Aproveite e tire uma bela foto de sua nota e poste em seu Facebook, Instagram, com nossa marcação: **#jornadadagratidão #prosperidade&gratidão, #marcialuz**. Como disse também no outro curso, poste sem medo da opinião alheia. Não dê ouvidos às suas crenças limitantes e mostre o quanto é grato ao dinheiro que você tem.

O próximo exercício é para você fortalecer exatamente esta gratidão pelo dinheiro que tem hoje e abrir caminho para que ele faça mais por você.

Dia 5

Aprendendo a Poupar Enquanto Agradece

O exercício de hoje é o seguinte:

Você vai pegar o seu contracheque, ou o extrato bancário com seus ganhos, caso seja autônomo. Se estiver desempregado, e tiver só um dinheirinho ainda que emprestado na carteira, pegue este montante. Agora quero que você escreva: "SOU GRATO POR ESTE DINHEIRO QUE TRABALHA INCESSANTEMENTE PARA MIM, TRAZENDO ABUNDÂNCIA EM MINHA VIDA". Prenda essa mensagem junto ao seu contracheque, extrato ou dinheiro da carteira, e carregue consigo pelo próximo mês, lendo a frase com total intenção toda vez que a vir.

Em seguida, você vai precisar fazer contas. Quero que calcule 10% do que ganhou, descontados os impostos, ou seja, seu ganho líquido. Se for o dinheiro em sua carteira, só calcule os 10%. Este valor deverá ter só dois possíveis destinos: uma conta poupança, que não poderá ser movimentada (a não ser que você já saiba fazer investimentos), ou um cofrinho (pode ser até um vidro qualquer, transformado em cofre), no qual irá depositar os 10% do dinheiro que tem agora. A regra é a mesma. Este dinheiro não é para ser usado; é para ser guardado.

Depois de calculado e separado o dinheiro, você colocará um papel com as palavras a seguir fixadas no cartão da poupança, da aplicação ou no cofrinho: "ADMINISTRO MEU DINHEIRO E SOU GRATO A TODA A PROSPERIDADE QUE CHEGA ATÉ MIM. GRATIDÃO, GRATIDÃO, GRATIDÃO!"

A partir de hoje, acima de tudo o que você ganhar será calculado 10%, que será separado para esta Poupança da Gratidão. É importante que esta seja a primeira providência a ser tomada assim que o dinheiro entrar, antes mesmo de pagar as contas do mês.

Mas, Marcia, e se faltar dinheiro para as despesas? Aí você tem duas opções: cortar custos ou descobrir uma forma de aumentar a receita. Só o que não é opcional é deixar de guardar esses 10% que garantirão sua prosperidade financeira.

Se tiver filhos, ensine-os a fazer o mesmo com a mesada que lhes der, criando o hábito desde pequenos.

Recapitulando

EXERCÍCIO NÚMERO 5:
Aprendendo a Poupar Enquanto Agradece

1. Ao acordar, ou antes de dormir, anote em seu Caderno da Gratidão pela Prosperidade Financeira os 3 itens de hoje relacionados à prosperidade financeira pelos quais é grato; releia-os e diga em voz alta 3 vezes: obrigado, obrigado, obrigado.

2. Escreva num pequeno papel: "Sou grato por este dinheiro que trabalha incessantemente para mim, trazendo abundância em minha vida" e prenda esta mensagem em seu contracheque, extrato ou dinheiro da carteira, e carregue consigo pelo próximo mês, lendo a frase com total intenção toda vez que a vir.

3. Calcule 10% do que ganhou, descontados os impostos, e coloque numa conta poupança/aplicação, ou num cofrinho.

4. Coloque um papel com a seguinte frase fixada no cartão da poupança, da aplicação ou no cofrinho: "Administro meu dinheiro e sou grato a toda a prosperidade que chega até mim. Gratidão, gratidão, gratidão!"
5. A partir de hoje, acima de tudo o que você ganhar será calculado 10%, que será separado para esta Poupança da Gratidão. Se tiver filhos, ensine-os a fazer o mesmo com a mesada que lhes der, criando o hábito desde pequenos.

STATEMENT
OVERDUE
STUFF 1000
TAX INVOICE
PAYMENT DUE
STUFF 800

Gastar compulsivamente – promovendo a mudança de hábitos

Muitas vezes não são somente as contas ordinárias que fazem o dinheiro escorrer por seus dedos. Como falei anteriormente, é preciso haver equilíbrio e foco na hora de usar o seu dinheiro. Gosto muito de uma frase que diz: *"para quem não sabe aonde vai, qualquer caminho basta"*. Com o uso do dinheiro, vale a mesma regra. Se você não sabe para o que ele serve em sua vida, ele vai embora tão rápido quanto entrou, e com uma desvantagem: a insatisfação crônica que tomará conta de você, por sentir que nunca tem o bastante.

O que sentimos determina o que pensamos, e o que pensamos determina como agimos. Lembre-se, a forma como nos sentimos em relação ao dinheiro – e a gastá-lo – vem muitas vezes do que ouvimos, aprendemos dos outros e vivenciamos nós mesmos. Portanto, para mudarmos o hábito de gastar compulsivamente, temos que primeiramente descobrir o motivo pelo qual fazemos isso.

Lembra daquela minha aluna que gastava todo seu salário e pedia emprestado para os pais? Ela gastava compulsivamente, comprando coisas que nem precisava, porque se sentia uma "otária", e mais, tinha ciúmes do irmão que recebia a atenção – e dinheiro – de seus pais com a atitude inconsequente de "torrar" todo o dinheiro. Enquanto ela não desvinculou a necessidade de ganhar afeto dos pais do ato de gastar compulsivamente o dinheiro, ela não sanou este comportamento.

Da mesma forma que podemos desenvolver compulsão por comer ou por beber para compensarmos alguma falta emocional, também desenvolvemos a compulsão por gastar pelo mesmo motivo.

Agora, vamos destrinchar o que é uma falta emocional. Você tem o amor de seus pais ou de seu companheiro(a) e não é suficiente. Você vai bem na sua carreira, mas sente que não é reconhecido por seus pares. Você tem um grupo de amigos, mas a atenção que eles lhe dão é menor do que a que dirigem a outro colega. Desculpe, mas terei que falar novamente de gratidão! Quem se sente assim não é grato pelo que recebe, seja amor, reconhecimento ou atenção. Se você não é grato, você DESMERECE o que veio até você. Então, me diga, como vai querer que coisas boas aconteçam contigo, com esta mentalidade de que sempre há algo faltando em sua vida?

Veja bem, não estou estimulando aqui uma postura passiva, conformista, de simplesmente se contentar com o pouco que tem e não buscar crescer na vida. Precisamos ter metas audaciosas e seguir adiante, mas isso não significa deixar de ser grato pelo que já recebeu da vida e do Universo. A ingratidão só aumenta o buraco existencial, a sensação de falta, e aí você fica tentando preencher o buraco emocional sem fundo que existe em você com coisas materiais.

Vamos nos debruçar sobre alguns exemplos de como se gasta compulsivamente quando este buraco emocional está presente. Seja lá qual for a falta emocional original, ela te causa aquela sensação na boca do estômago de que você precisa ter "mais" de algo. É quando você acha que deve: comprar mais uma blusinha, pois as 30 que tem na gaveta não são suficientes; ou comprar mais um par de sapatos, pois você é uma centopeia, com certeza. Mais um creme hidratante ou batom além dos vários que já tem estocados no banheiro, talvez? Ou que deve trocar seu computador, televisor ou celular, pois está desatualizado, e saiu um modelo **ma-ra-vi-lho-so** que você simplesmente necessita; ou uma roupa de cama nova, além das cinco que já tem no armário (afinal, você deve lavar lençóis em dias alternados...). Também tem aquela necessidade de ir ao mercado e comprar todos os produtos em promoção, do papel higiênico ao molho de tomate, pois aí você estará economizando (quando, na realidade, está cheio de produtos prestes a perder o prazo de validade no armário, de tão abarrotado).

Quando você compra vem aquela sensação de felicidade, e você ignora o friozinho na barriga ao ver o valor da compra, confesse. Você balança a cabeça, jogando fora aquele pensamento sobre "o quanto eu gastei agora". O que são mais R$ 20, R$ 30 ou R$ 50 saindo de sua conta, não é mesmo, frente à felicidade de levar aquele objeto de desejo para casa?

Eu respondo para você: este dinheiro saindo desgovernado de sua conta, sem foco, sem propósito, sem direção, é o reflexo de sua mentalidade de escassez, e é o que mantém você neste estado. E veja bem, não é pelo fato do dinheiro ser gasto que ele te traz escassez. É pelo fato dele ser MALGASTO, mal direcionado.

Por exemplo: tive um aluno que relatava fazer de duas a três compras de mercado na semana, a ponto da esposa reclamar que não cabia mais nada na geladeira. Perguntei-lhe como se sentia ao fazer as compras, e ele respondeu-me que se sentia orgulhoso de poder prover tudo aquilo para a família. Porém, quando chegava em casa, sua esposa o fazia perceber que havia exagerado na dose e não conseguiriam comer toda aquela comida (ou que ainda havia o mesmo produto para ser consumido e iria estragar), e sua satisfação acabava imediatamente, sempre se questionando por que fazia aquilo. Investigando detalhadamente, descobrimos que a razão era sua infância de extrema pobreza, na qual dificilmente a família conseguia fazer duas refeições ao dia. Ele ainda se enxergava dentro daquele passado e não conseguia sentir que estava bem financeiramente. Quando conseguiu ser grato tanto pela lição do passado quanto pela situação que tinha naquele momento, suas compras compulsivas terminaram.

Para que você entenda aonde entra a gratidão neste processo e sinta-se motivado, quero te contar sobre a pesquisa de David De Steno, do Departamento de Psicologia da Universidade de Boston, que estudou a relação entre gratidão e prosperidade. Ele fez uma pesquisa com voluntários, que deveriam escolher entre duas opções:

A- Receber uma quantia X de dinheiro naquele momento

B- Esperar 30 dias para receber o dinheiro, recebendo o valor triplicado.

Antes de escolherem entre as duas opções, os voluntários foram divididos em três grupos, nos quais:

1. Era estimulado o estado de gratidão;
2. Era estimulado o estado de alegria;
3. Não recebiam nenhum estímulo, permanecendo como haviam chegado, em estado neutro.

Foi observado que o grupo 1, estimulado a estar em estado de gratidão, respondeu significativamente mais à opção B, ou seja, postergou o recebimento do dinheiro prometido. A conclusão a que se chegou é que a gratidão controla a fúria consumista e o desejo do prazer imediato. Pessoas habituadas a agradecer conseguem esperar e postergar as sensações de prazer imediatas, para poder tê-las depois de forma consistente e duradoura.

Dessa forma, em relação à prosperidade financeira, quem consegue controlar a compulsão para gastar (e a satisfação imediata e momentânea), consegue poupar e/ou aplicar o dinheiro economizado. Com este ato ela está alimentando sua prosperidade financeira a médio e longo prazo, o que lhe trará satisfação consistente e duradoura.

Para chegar a este estado é preciso conscientizar-se do que faz, suas consequências, disciplina para mudar os hábitos e, acima de tudo, gratidão.

Dia 6

Utilizando o Dinheiro com Consciência e Gratidão

Primeiramente, você irá fazer uma autoanálise. Para isso, vai precisar listar em que áreas de sua vida você gasta compulsivamente. Como você viu, pode ser em bens de consumo, alimentos, cuidados pessoais, saídas com amigos. Seja honesto e liste com o que você gasta sem pensar, para sua satisfação momentânea, comprometendo suas finanças mês a mês.

Depois, escreva como você se sente quando faz estas compras compulsivas. Confiante, orgulhoso, excitado, desafiador, seguro, provedor? Lembre-se de como fica sua respiração, com que postura sai da loja, o que pensa no momento.

Quero que vá mais fundo e lembre-se das suas 3 últimas compras compulsivas, e relacione qual era o seu estado de espírito antes de realizá-las. Você talvez estivesse chateado, triste, com raiva, enciumado, sentindo-se impotente, incapaz? Devido a que fatores? O que aconteceu antes?

Se você conseguiu chegar até aqui, você acaba de fazer um mapa de seu comportamento provocado por seus sentimentos. Conclua ao lado de cada item qual era a "falta" que você estava compensando com aquelas compras e a localize, descobrindo se está relacionada com eventos passados ou eventos recentes.

Até esse momento você estava vendo o copo "meio vazio". Você só estava enxergando o que faltava. Agora você vai começar a enxergar o copo "meio cheio" através da gratidão. Escreva: "SOU GRATO POR TER APRENDIDO A SUPERAR (escreva aqui a situação que gerou seu comportamento de compra compulsiva). A PARTIR DE AGORA TAMBÉM SOU GRATO POR APRENDER QUE NÃO PRECISO MAIS ME SENTIR (escreva aqui o sentimento ruim que tinha), POIS ISTO FICOU NO PASSADO, NEM PRECISO COMPRAR COMPULSIVAMENTE (escreva aqui o que você comprava) PARA SENTIR-ME (coloque a sensação de satisfação momentânea que você tinha)".

Exemplo: SOU GRATO POR TER APRENDIDO A SUPERAR a carência que me fazia comprar e comer muitos doces. A PARTIR DE AGORA, TAMBÉM SOU GRATO POR APRENDER QUE NÃO PRECISO MAIS ME SENTIR abandonada, POIS ISTO FICOU NO PASSADO, NEM PRECISO COMPRAR COMPULSIVAMENTE muitos doces para sentir prazer.

A compreensão de um problema e identificação de sua origem é um passo poderoso para libertar-se dele e foi o que você acabou de fazer.

Parabéns!

Recapitulando

EXERCÍCIO NÚMERO 6:
Utilizando o Dinheiro com Consciência e Gratidão

1. Ao acordar, ou antes de dormir, anote em seu Caderno da Gratidão pela Prosperidade Financeira os 3 itens de hoje relacionados à prosperidade financeira pelos quais é grato; releia-os e diga em voz alta 3 vezes: obrigado, obrigado, obrigado.

2. Liste em que áreas de sua vida você gasta compulsivamente.
3. Escreva como você se sente quando faz estas compras compulsivas.
4. Lembre-se das suas 3 últimas compras compulsivas e relacione qual era o seu estado de espírito antes de realizá-las.
5. Anote ao lado de cada item qual era a "falta" que você estava compensando com aquelas compras e a localize, descobrindo se está relacionada com eventos passados ou eventos recentes.
6. Escreva: "SOU GRATO POR TER APRENDIDO A SUPERAR (escreva aqui a situação que gerou seu comportamento de compra compulsiva). A PARTIR DE AGORA TAMBÉM SOU GRATO POR APRENDER QUE NÃO PRECISO MAIS ME SENTIR (escreva aqui o sentimento ruim que tinha), POIS ISTO FICOU NO PASSADO, NEM PRECISO COMPRAR COMPULSIVAMENTE (escreva aqui o que você comprava) PARA SENTIR-ME (coloque a sensação de satisfação momentânea que você tinha)".

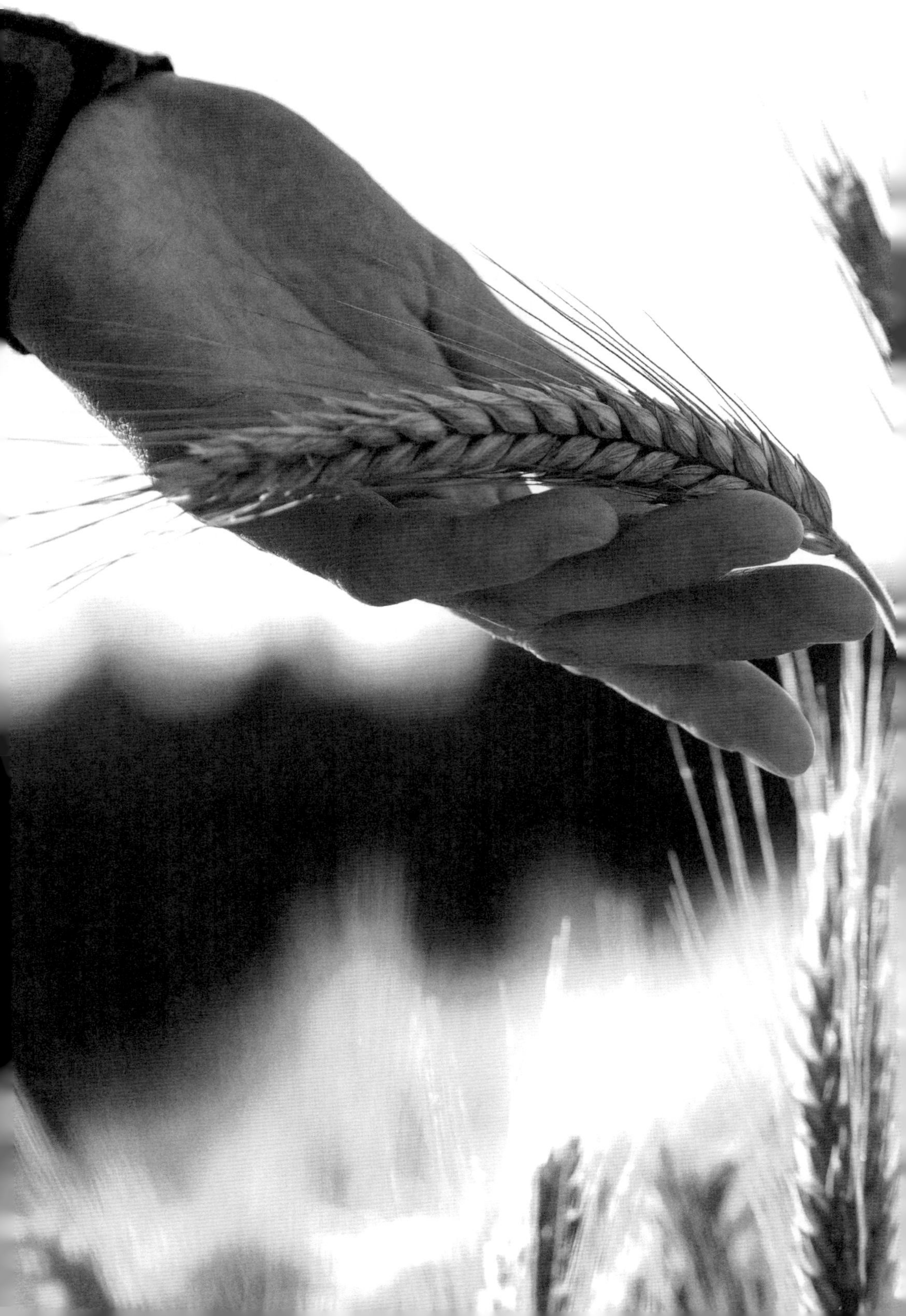

Quem é responsável por sua prosperidade?

Quando nos deparamos com acontecimentos desagradáveis, inclusive financeiros, sentimos, muitas vezes, que fomos "bombardeados" pela vida, não é mesmo? E um dos hábitos que a maioria das pessoas tem é buscar um culpado.

Um dos meus alunos escrevia romances e se autopublicava através da Amazon, ou os disponibilizava gratuitamente. Ele possuía muitos leitores e almejava publicar seu livro por uma editora. Antes de entrar para meu curso, a cada recusa do material por parte de uma editora, postava em suas redes sociais seu descontentamento e falava mal do mercado editorial. Também tinha o costume de postar sobre a má remuneração que tinha como funcionário público e frequentemente contava que ele ou alguém de sua família haviam sido assaltados ou que qualquer outra coisa ruim tinha acontecido, motivo para reclamar da segurança pública, da violência, do sistema educacional falido que formava bandidos no lugar de cidadãos decentes.

Ao iniciar a Jornada da Gratidão, percebeu que reclamava de tudo de ruim que acontecia com ele, mas em momento algum agradecia pelas coisas que já havia conquistado em sua vida: leitores fiéis, conseguir se autopublicar, ter um emprego estável, uma boa família... Identificou também mais uma coisa: ele sempre se colocava como vítima da situação, na posição de "coitadinho de mim". Resolveu então começar a agradecer pelo que tinha naquele momento.

Ele conta que as mudanças aconteceram rapidamente. Foi promovido em seu emprego e teve um ganho de causa num processo que se movia lentamente há anos; sua esposa também subitamente foi promovida na escola em que trabalhava. Bateram em seu carro velho e foi dado perda total. Como o seguro pagou preço de tabela pelo carro, ele pôde juntar com algumas economias e finalmente comprou seu carro novo. A mãe de sua esposa resolveu presenteá-la e pagou uma viagem para eles para o litoral do Nordeste. Para melhorar, uma editora, enfim, entrou em contato com ele e está em vias de publicação. Ele parou de reclamar, de se sentir vítima das situações que ocorriam, e sua vida simplesmente se alinhou através do hábito da gratidão diária.

Agora é sua vez.

Dia 7

Sou Responsável

Para o exercício que vou propor, você terá que arranjar uma pulseira, ou até mesmo um elástico, e colocar no pulso. Você vai se comprometer a usá-la ao menos durante os 33 dias de sua jornada e já vou explicar por quê.

A partir de hoje, quando algo ruim ou que te desagrade acontecer e você começar a reclamar da situação ou de alguém – colocando-se como vítima da situação – você terá que mudar a pulseira ou elástico de pulso imediatamente. E aqui pouco importa se a reclamação foi verbal ou apenas em pensamento. Reclamou, criticou ou julgou, você vai trocar a pulseira de lado. Reclamou porque teve que trocar a pulseira, pois troque de novo. Ao mesmo tempo em que faz isso, pergunte-se: "Quero continuar reclamando e de 'mimimi' e ser responsável por ter mais disto aqui em minha vida?"

Em seguida, reflita rapidamente sobre o que você aprendeu com aquele acontecimento e diga: "Agradeço por (diga o que ocorreu) porque aprendi/ganhei com isso (e diga o que aprendeu ou ganhou).

Deixe-me dar dois exemplos para que você entenda melhor o contexto: quando já estava no curso e um original de seu livro foi recusado, meu aluno, ao invés de reclamar, entrou em contato com o editor e humildemente perguntou se ele poderia dizer no que ele deveria melhorar seu livro para ser publicado. O editor lhe deu dicas valiosas, e com isso, aquele mesmo original, com as melhorias, foi aceito para publicação. Ele disse a seguinte frase: "Agradeço por terem recusado o meu original, pois aprendi com isso que precisava melhorar meu livro para ser publicado".

O mesmo aluno, quando teve o carro batido e com perda total, disse: "Agradeço porque esse acidente não gerou qualquer tipo de dano físico e me alertou para a importância de dirigir com mais atenção; houve apenas perda total no carro, o que, no final, me permitiu receber mais dinheiro do que se tivesse vendido o carro, e com esse valor, mais as minhas economias, posso ter meu carro novo agora".

Recapitulando

EXERCÍCIO NÚMERO 7:
Sou Responsável

1. Ao acordar, ou antes de dormir, anote em seu Caderno da Gratidão pela Prosperidade Financeira os 3 itens de hoje relacionados à prosperidade financeira pelos quais é grato; releia-os e diga em voz alta 3 vezes: obrigado, obrigado, obrigado.
2. Comece a utilizar uma pulseira ou um elástico em um de seus pulsos.
3. Cada vez que reclamar, julgar ou criticar troque a pulseira de braço. Ao mesmo tempo em que faz isso, pergunte-se: "Quero continuar reclamando e de 'mimimi' e ser responsável por ter mais disso aqui em minha vida?"
4. Reflita sobre o que aprendeu com aquele acontecimento e diga: "Agradeço por (diga o que ocorreu) porque aprendi/ganhei com isso (e diga o que aprendeu ou ganhou)".

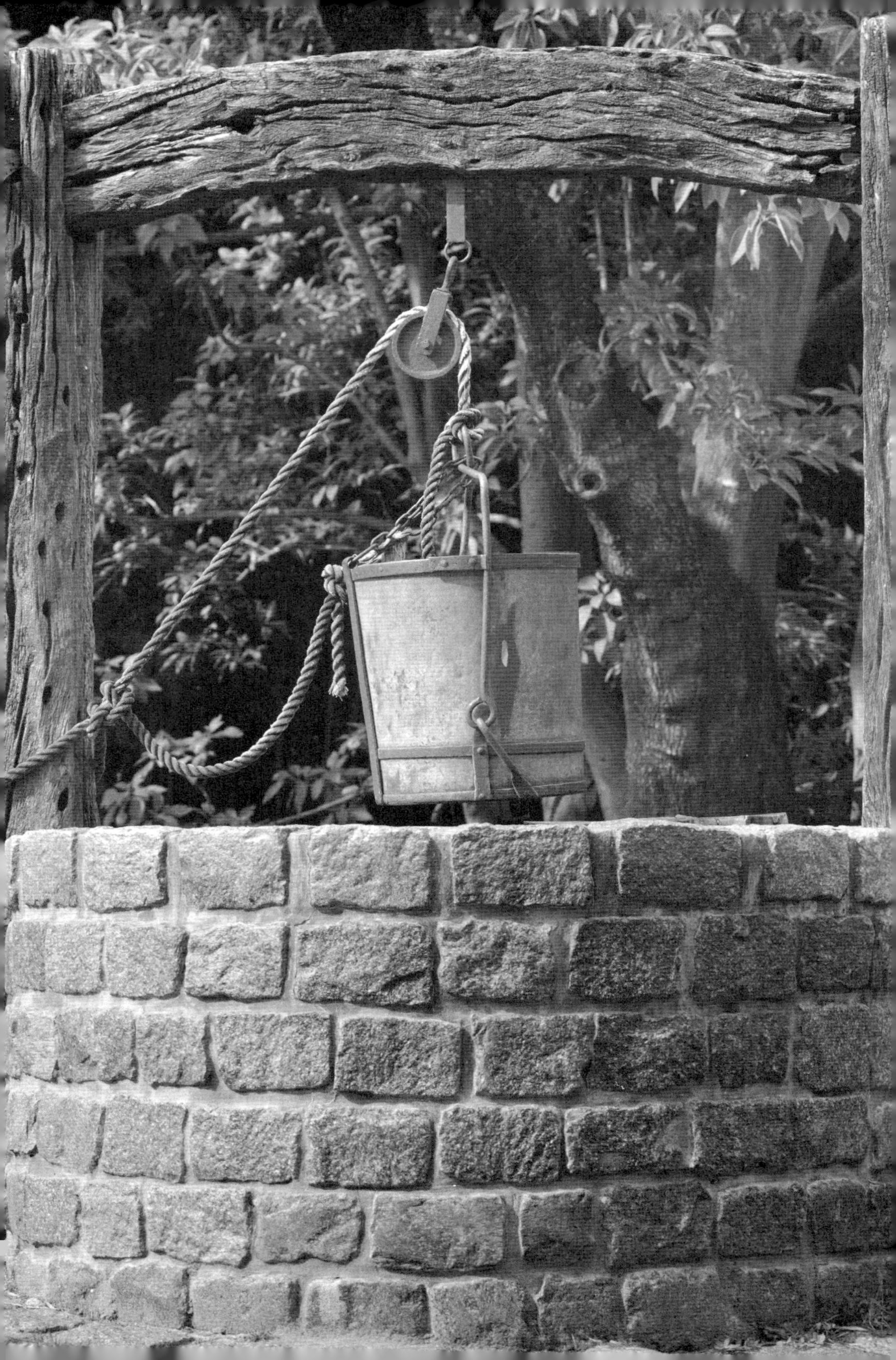

No fundo do poço ou no início da subida?

Talvez você esteja lendo tudo isto e pensando: mas eu estou no fundo do poço. Estou sem emprego, minhas contas estão atrasadas. Não estou me colocando como vítima, sei que sou responsável, mas está mesmo difícil e não vejo saída. Como é que vou ter gratidão? Já pedi tanto a Deus, aos santos, ao Universo por um emprego, por uma oportunidade, por que não recebo isso?

Eu sei que este é um dos momentos mais difíceis para agradecer e, definitivamente, não é o momento certo para pedir nada ao Universo ou a Deus. Não se enraiveça comigo, vou te explicar o motivo: quando pedimos algo, é porque **sentimos que algo nos falta**. Imagine Deus ou o Universo te vendo de lá de cima: você pensa que quer um emprego, sente que está no fundo do poço, e sua ação é reclamar o tempo todo. Você está alinhado com a **falta**, com a **escassez**! E é exatamente isso que você vai ter, mais e mais, se continuar assim. Por isso, não peça. Agradeça!

Aliás, quando alguém me diz que está no fundo do poço, eu costumo responder: "Então comemore, porque quando a gente chega no fundo, o único caminho que nos resta é subir, e se os seus pés estão apoiados no fundo, você poderá dar o impulso necessário para começar o caminho para o alto".

Uma de minhas alunas, terapeuta, entrou no curso da Gratidão deprimida, sem clientes, com dívidas e com um imóvel seu há meses sem alugar, e só lhe dando despesas. Cética, ao iniciar a Jornada da Gratidão, mesmo sem acreditar, começou a agradecer todo dia por ter uma profissão, ainda ter um teto, pela comida, enfim, por tudo. Agradeceu também pelo apartamento e pela pessoa que iria morar ali e seria feliz. Três dias depois, a imobiliária que cuidava do imóvel entrou em contato, pois havia alguém interessado em alugar. Ela agradeceu mais, espantada com a rapidez. Clientes começaram a retornar, e novos apareceram. Ela percebeu que seu bom humor natural retornou assim que começou a agradecer e que realmente alinhar-se com a energia da gratidão lhe trouxe prosperidade na área financeira e em todas as outras áreas.

Outra aluna estava numa situação bem delicada, com o marido desempregado e ela num trabalho temporário, cujo contrato acabaria em menos de um mês. Começou a agradecer pelo que tinha: a casinha, a família unida, a saúde de todos, a cesta básica que alguém lhe dera.... Em menos de uma semana, o marido finalmente foi chamado para um emprego. No dia em que seu trabalho temporário terminaria, foi chamada para conversar no RH da empresa e foi efetivada. A gratidão mudou a vida de toda a família, quando estavam literalmente no fundo do poço, simplesmente porque ela se alinhou com o que tinha de bom em seu dia a dia através da gratidão.

DIA 8

Potencializando a Gratidão

O exercício a seguir tem a intenção de alinhar e potencializar o poder da Gratidão em sua trajetória.

Para isso, você agora vai fazer uma lista dos motivos que tem para agradecer em sua vida. Imagine que você está enxergando melhor o que há de bom ao seu redor, como se a situação ruim pela qual está passando estivesse te dando a capacidade de realçar as coisas boas que tem. Comece a lista assim: "MESMO (acontecendo tal e tal coisa), EU PERCEBO AS BENÇAOS QUE ME CERCAM E AGRADEÇO POR (lista de coisas boas). GRATIDÃO, GRATIDÃO, GRATIDÃO!"

Exemplo: MESMO estando desempregada, EU PERCEBO AS BÊNÇAOS QUE ME CERCAM E AGRADEÇO PORQUE tenho uma família que me ama e apoia, porque tenho saúde e posso buscar novas oportunidades, porque tenho inteligência e vou descobrir um caminho para me recolocar no mercado de trabalho, porque tenho um teto para morar e formas de conseguir o meu sustento diário, porque tenho uma boa rede de relacionamento e muita gente está buscando oportunidades para mim, porque posso sentir o calor do sol e a brisa suave que toca a minha pele, porque o Universo é abundante e está providenciando uma saída, assim como faz com as aves do céu e as flores do campo.

Em seguida, anote no papel 3 coisas positivas que você aprendeu ao viver essa experiência de fundo do poço e conte para pelo menos 3 pessoas que podem aprender com você para que não cometam os mesmos erros ou não caiam nas mesmas armadilhas.

Compartilhar aprendizagens e experiências, inclusive aquelas oriundas de nossos erros, é uma grande prova de generosidade e doação. Tenho amigos palestrantes cujos temas de suas palestras são exatamente o momento fundo do poço e ao compartilharem que erros cometeram para chegar nesse lugar e que descobertas fizeram para sair de lá, ensinam lindas lições de vida para muita gente ao redor do mundo. Você não precisa virar palestrante, mas colabore ao menos com o crescimento de 3 pessoas, compartilhando sua história, não com o foco no drama, mas na aprendizagem.

Recapitulando

EXERCÍCIO NÚMERO 8:
Potencializando a Gratidão

1. Ao acordar, ou antes de dormir, anote em seu Caderno da Gratidão pela Prosperidade Financeira os 3 itens de hoje relacionados à prosperidade financeira pelos quais é grato; releia-os e diga em voz alta 3 vezes: obrigado, obrigado, obrigado.
2. Faça uma lista dos motivos que tem para agradecer em sua vida. Comece a lista assim: "Mesmo (acontecendo tal e tal coisa), eu percebo as bênçãos que me cercam e agradeço por (lista de coisas boas). Gratidão, gratidão, gratidão!"
3. Anote no papel 3 coisas positivas que você aprendeu ao viver essa experiência de fundo do poço e conte para pelo menos 3 pessoas.

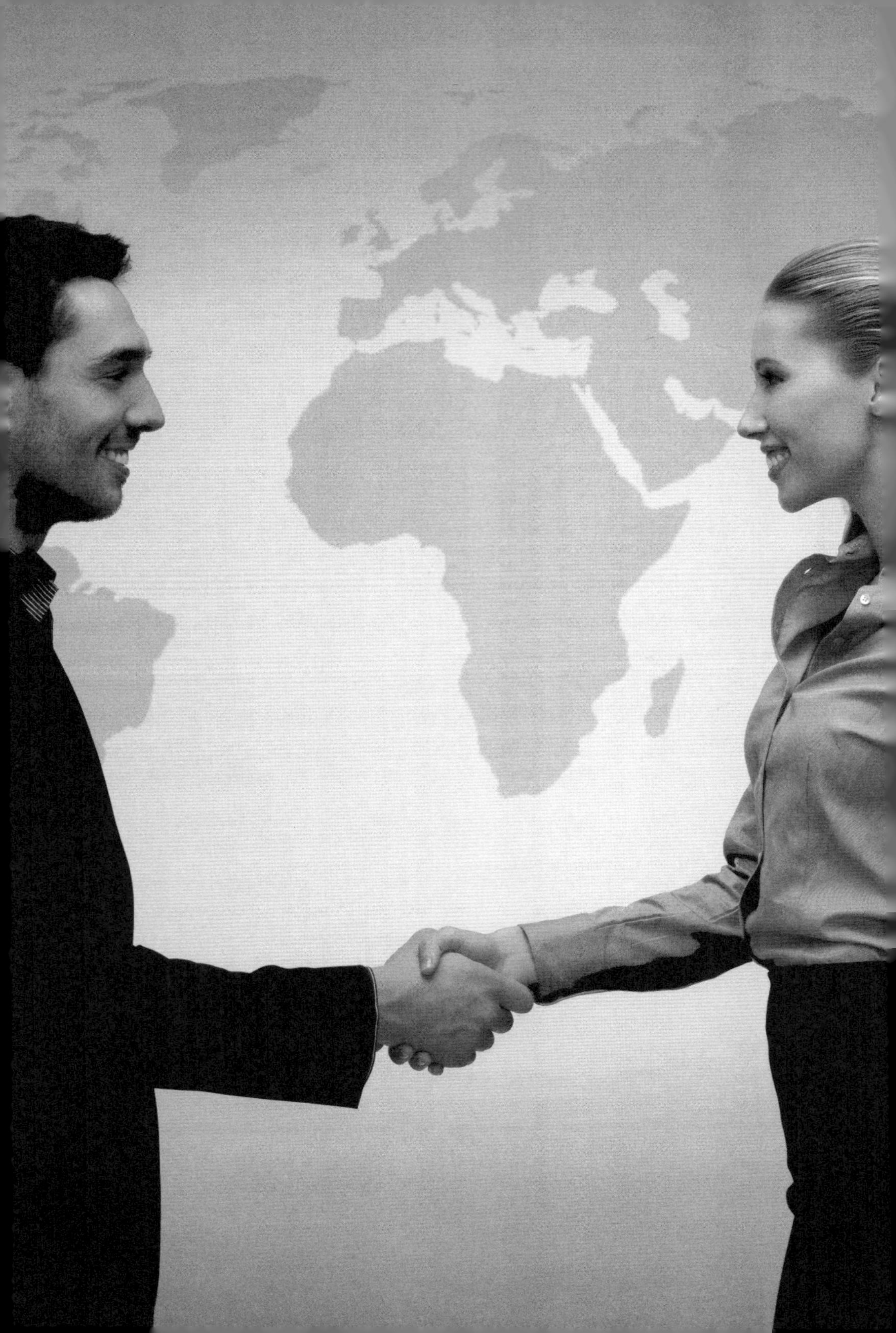

Comprometa-se

Muitas vezes, quando somos crianças e temos um objetivo falamos que queremos alguma coisa para nossos pais, ou para um irmão ou amigo, e esta pessoa diz: "Não acredito. Se quer tanto isto, então me prove!". Neste momento a gente fica irado e diz: "Pois eu vou te provar!". E faz de tudo para alcançar o seu alvo, o seu objetivo, mesmo que seja para mostrar para aquele petulante interlocutor de que você mata a cobra e mostra o pau! Sermos provocados nos gera uma sensação de comprometimento com o que queremos, e mais do que isso, com sua própria capacidade de fazer acontecer. Pouca coisa gera mais desejo de fazer acontecer do que um "eu duvido" sendo dito por alguém que quer te provocar.

Uma de minhas alunas conta que havia voltado com o esposo depois de um ano fora do país, onde estavam trabalhando como voluntários. Chegando ao Brasil, morando de favor na casa dos pais dele, iniciaram uma busca por emprego e sentiam-se exaustos por só encontrarem portas fechadas. Ela pesquisou qual era a média de salário de um profissional iniciante em sua área, pois haviam viajado recém-formados. Era um salário bem baixo, mas ela se contentaria com aquilo mesmo para iniciar. E falou para o marido: "Se eu conseguir um emprego, prometo que vou doar metade do meu primeiro salário para o orfanato que existe aqui no bairro". Naquela semana uma amiga lhe procurou, indicando uma empresa que buscava funcionários em sua área, que fossem fluentes em inglês. Em menos de uma semana estava empregada. Como falava inglês fluente, seu salário seria o dobro do que o estimado. Comemorou, agradeceu pelo que conseguiu e fez a doação para o orfanato, que a recebeu em boa hora.

Perceba que quando esta aluna se comprometeu a dar metade de seu salário, ela lançou a seguinte mensagem ao Universo: eu quero isso com muita intensidade, a ponto de prometer dividir a alegria de obter isso com alguém. Ela se comprometeu de tal forma que fez toda a energia à sua volta se intensificar – subir o nível – com a sua **intenção**. Ela provocou positivamente o Universo, alinhando o que pensava (preciso de um emprego), com o que sentia (sou merecedor de um emprego) e com a ação (comprometer-se a doar 50% do seu primeiro salário como forma de agradecer). Que alinhamento poderoso!

Este é o princípio ativo que faz com que as promessas religiosas surtam efeito. O que está em jogo não é sua barganha com Deus, mas o alinhamento da intenção, do pensamento, do sentimento e da ação. Se ela só fizesse a promessa ao Universo, mas continuasse a lamuriar, lamentar e apostar no insucesso, com certeza essa vaga não apareceria. No entanto, minha aluna acentuou os motivos pelos quais precisava da vaga; agora não era só por ela e sua família, mas também pelas crianças do orfanato que precisavam do dinheiro. Mudou sua vibração energética e conectou com as possibilidades que já estavam bem à sua volta, só que até então invisíveis.

Quando você é grato, seu coração se enche de generosidade, pois tem a consciência de que recebe bênçãos do Universo o tempo todo e de alguma forma sente-se impelido a retribuir, auxiliando aqueles que ainda não conquistaram o mínimo necessário para viver com dignidade. Gratidão e generosidade andam de mãos dadas e possuem o poder incrível de abrir as portas da prosperidade financeira.

Acompanhe comigo esta pequena história:

O Sapato

Um dia, um homem já de certa idade abordou um ônibus. Enquanto subia, um de seus sapatos escorregou para o lado de fora. A porta se fechou e o ônibus saiu; então ficou impossível recuperá-lo.

O homem tranquilamente retirou seu outro sapato e jogou-o pela janela.

Um rapaz no ônibus, vendo o que aconteceu e não podendo ajudar ao homem, perguntou:

– Notei o que o senhor fez. Por que jogou fora seu outro sapato?

O homem prontamente respondeu

– De forma que quem o encontrar seja capaz de usá-los. Provavelmente apenas alguém necessitado dará importância a um sapato usado encontrado na rua. E de nada lhe adiantará apenas um pé de sapato.

O homem mostrou ao jovem que não vale a pena agarrar-se a algo simplesmente para possuí-lo e nem porque você não deseja que outro o tenha.

Perdemos coisas o tempo todo. A perda pode parecer penosa e injusta inicialmente, mas a perda só acontece de modo que mudanças, na maioria das vezes positivas, possam ocorrer em nossa vida.

Acumular posses não nos faz melhores e nem faz o mundo melhor. Todos temos que decidir constantemente se algumas coisas devem manter seu curso em nossa vida ou se estariam melhor com outros.

Autor desconhecido

E agora é sua vez de exercitar a generosidade e o comprometimento com o Universo.

Dia 9

A Carta de Intenção

No exercício de hoje você vai fazer uma pequena Carta de Intenção. O que é isso? Você vai se comprometer a proporcionar a alguém ou a alguma instituição a mesma sensação de gratidão que irá sentir ao ver sua vida mudar.

Escreva então uma pequena carta dizendo o que você vai dar ou doar quando sua situação financeira mudar. Voltaram os clientes, foi contratado e recebeu o primeiro salário, veio algum dinheiro inesperado? Seja qual for a situação, a Carta de Intenção valerá.

Com o que você pode se comprometer nela? Você pode se comprometer a doar mensalmente um dinheiro para uma instituição séria (R$ 10, R$ 15, R$ 25); doar uma cesta básica por mês para alguém que saiba que necessite ou para alguma igreja fazer a distribuição por alguns meses; adotar um orfanato local e comprar bonecas e carrinhos para o natal ou dia das crianças, ou levar produtos de higiene para um asilo mensalmente. Há muitas opções além destas, seja criativo e capriche na intenção.

Escrita a Carta de Intenção, date, assine e peça para alguém de sua casa ou um amigo assinar como testemunha, para que seu subconsciente entenda também que este é um compromisso sério.

T. Harv Eker, em seu livro *Os Segredos da Mente Milionária*, fala em separar 10% de seus ganhos para doação. Esta é a maneira de dizer ao Universo que é grato por tudo o que a vida tem te proporcionado e que quer retribuir ainda que apenas com uma pequena parte. Você deve avaliar se está pronto para separar 10% para doação; vou deixar por sua conta definir o tamanho de sua generosidade, mas tenho certeza que o ato de doar, mesmo no momento de falta, só se conecta com a abundância, livrando-o das amarras do egoísmo e da avareza.

E se você quer mesmo provocar o Universo, faça a doação antes mesmo de sua parte chegar, tamanha sua certeza de que tudo dará certo. Mas lembre-se: a intenção não é barganhar com Deus pensando ou dizendo algo do tipo: "Olha Deus, eu já fiz minha caridade, doei 10% do que quero receber antecipadamente; agora faça a sua". A energia não pode ser essa. Apenas exercite a generosidade, conecte-se com a alegria de ter feito o bem aos mais necessitados e fique em paz. Com certeza, as sementes plantadas e adubadas com generosidade florescerão.

Recapitulando

EXERCÍCIO NÚMERO 9:
A carta de Intenção.

1. Ao acordar, ou antes de dormir, anote em seu Caderno da Gratidão pela Prosperidade Financeira os 3 itens de hoje relacionados à prosperidade financeira pelos quais é grato; releia-os e diga em voz alta 3 vezes: obrigado, obrigado, obrigado.
2. Faça uma pequena Carta de Intenção, comprometendo-se a proporcionar a alguém ou a alguma instituição algum auxílio financeiro, assim que alcançar seu objetivo financeiro traçado.
3. Date, assine e peça para alguém assinar como testemunha, para que seu subconsciente entenda que este é um compromisso sério.

4. Se desejar, faça a doação antes mesmo de sua parte chegar, tamanha sua certeza de que tudo dará certo.
5. Lembre-se: a intenção não é barganhar com Deus. Apenas exercite a generosidade, conecte-se com a alegria de ter feito o bem aos mais necessitados e fique em paz.

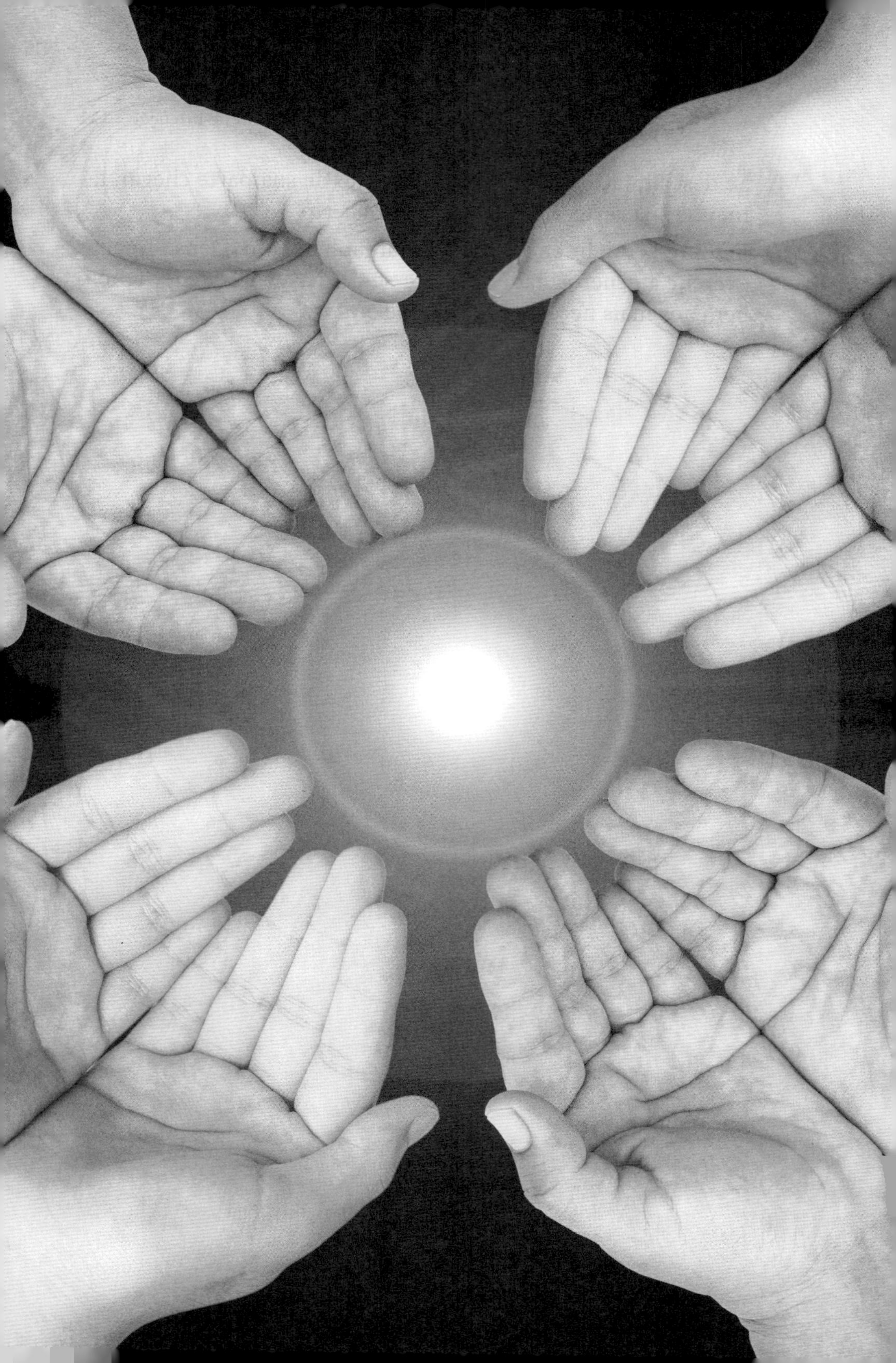

Pedir com gratidão gera sinergia

Anteriormente, eu te falei que não devemos pedir nada quando estamos no fundo do poço, pois estaríamos conectados à escassez, e a vida só dá mais do mesmo. Porém, há uma forma correta de se pedir o que quer para sua vida, e é se conectando com a Gratidão. Quando você solicita algo dentro desta energia da gratidão – que já sabemos que vibra num padrão capaz de elevar a energia que nos cerca – você cria um movimento de sinergia com o Universo.

O Universo é abundante, e está aí, com todas as possibilidades à disposição de quem saiba acessá-las. Quando alinhamos nossas ondas de energia, aumentamos a potência e a velocidade da resposta que o Universo nos dá, pois estamos trabalhando junto com a energia de abundância, e isso é trabalhar em sinergia: duas forças trabalhando juntas, e na mesma direção, por um só resultado. Na Bíblia temos este ensinamento: "*A quem tem, mais lhe será acrescentado e terá em abundância. A quem não tem, até o que tem lhe será tirado* (Mateus 13:12)".

Pois foi o que aconteceu com uma aluna de meu curso. Ela iniciou a Jornada da Gratidão totalmente focada na prosperidade financeira, pois sempre teve uma vida de dificuldades. Reconhecia, porém, que nas outras áreas sua vida era muito boa e começou a agradecer pela família que tinha, pelo marido, sua casa, e a cada pequena entrada de dinheiro no dia a dia. Ela agradeceu com firme intenção, e na mesma semana em que começou a jornada, a prosperidade começou a bater em sua porta. Primeiramente, seu marido foi informado que teria um valor de PIS a receber que até então desconhecia, após quatro anos de aposentado! O marido ficou tão espantado com a rapidez do processo que começou a agradecer junto com ela... Olhe a sinergia! Em seguida, seu filho fez um bom negócio e resolveu lhe dar um presente: três mil reais. Ela saldou a dívida do cheque especial e agradeceu novamente junto com o marido. Dias depois entraram em contato com ela através do Messenger, dizendo que precisavam falar com o esposo dela, e deram-lhe um número de telefone. Entrando em contato foi informada que uma das fábricas para a qual o marido havia trabalhado há 20 anos estava contatando os funcionários com quem não havia conseguido fazer acerto na época, pois estavam conseguindo vender seu maquinário e iriam dividir o montante entre os funcionários. Hoje a vida financeira dela está mudada, e num período de tempo muito curto, devido à sinergia da gratidão dela e do marido, agradecendo ao que tinham e recebendo mais em suas vidas.

Quando pedimos com sinergia, temos certeza de que somos merecedores do que estamos pedindo e que temos capacidade de arcar com tudo o que virá como consequência do que receberemos. Fazemos isso todo o tempo, mas não nos damos conta. Acreditamos em certos resultados para nossas ações como se fossem uma sequência lógica, e o que esperamos acontece. Quer ver?

Veja um cheque. É um documento de crédito ao portador. Isto significa que você preenche um cheque com um determinado valor para que alguém receba, vá a um banco e retire aquele crédito na boca do caixa ou mesmo depositando na conta dele. Agora imagine você preenchendo 12 cheques pré-datados para pagar sua televisão nova. Doze vezes de R$ 250, por exemplo. Em algum momento você para e pensa que no dia 15 do mês de agosto, 4 meses depois de comprar sua TV, você pode não ter este dinheiro para saldar o cheque? Se você for como a maioria das pessoas passando um cheque ou mesmo um cartão de crédito, a alegria é tanta por estar adquirindo algo com que sonhou que nem vai te passar pela cabeça esta possibilidade. Você não tem dúvida de que honrará cada cheque. E de onde vem essa certeza? Você está alinhado entre pensamento (quero a TV), sentimento (satisfeito por ser capaz de pagá-la) e ação (preenchendo os cheques confiante de que terá o saldo em conta).

Isso é estar alinhado, isso é demonstrar gratidão por tudo o que tem, isso é pedir ao Universo sabendo que você já possui a abundância em sua vida. Isso é pedir com sinergia.

Agora eu não estou falando de realizar compras por impulso e inconsequentes. Lembre-se de quando comentamos que algumas pessoas compram para suprir uma carência, um vazio anterior, e gastam mais do que poderiam, esquecendo completamente que precisam poupar/aplicar de 10 a 20% do que ganham.

Pedir com sinergia é construir uma intenção, liberá-la para o Universo confiante de que tudo dará certo e trabalhar focado para gerar os ganhos financeiros para honrar aquele compromisso, sem medos, mas também sem preguiça ou falta de comprometimento.

Dia 10

Pedindo com Sinergia

Já que falamos em cheque, vou lhe convidar a fazer um agora. Mas esse cheque é um pouco diferente do que você está acostumado. Quem vai sacar este cheque é você. Você vai imaginar o quanto quer ganhar, por exemplo, em seis meses, e vai preencher esse cheque para si com a mesma certeza que preenche um cheque para outra pessoa sacar. Faça o seguinte:

Pegue uma folha de cheque de seu talão. Se você não tem talão de cheques, imprima uma folha de algum modelo de cheque disponível na internet. Num pequeno papel – que cobrirá seu nome escrito abaixo da assinatura – escreva: Universo de Abundância S.A. (cliente desde sempre). Fixe este papel no cheque e tire uma ou mais cópias dele.

Agora você vai preencher o cheque que copiou ou imprimiu. Primeiro, pense o quanto você quer receber do universo. Escreva este valor em números no primeiro campo do cheque e por extenso no campo aonde se lê "pago integralmente por este cheque..."

No terceiro campo, escreva seu nome completo. No campo da data, coloque dia, mês e ano com a data limite para seu pagamento (quer receber esta quantia dentro de quanto tempo? Seis meses, um ano?)

Assine o cheque como Universo de Abundância. Abaixo disso escreva: "GRATIDÃO AO UNIVERSO DE ABUNDÂNCIA POR ME PROVER DIARIAMENTE."

Coloque este cheque em algum lugar da casa que seja especial para você, e que você possa vê-lo sempre. Essa é uma forma de agir sinergicamente com o Universo, que está aí disponível para distribuir prosperidade a quem sabe agradecer por tudo o que já tem.

Veja bem: isso não quer dizer que depois de preencher o cheque você pode deitar na rede com o controle remoto da TV na mão e mais nada precisará fazer além de esperar que o dinheiro magicamente apareça em sua vida. Você vai continuar trabalhando firme por seus objetivos, fazendo seus negócios expandirem, sua carreira decolar, só que agora não estará mais sozinho: terá o Universo trabalhando ao seu lado para que as coisas entrem em fluxo e as oportunidades apareçam em sua vida com muito mais facilidade e leveza.

Recapitulando

EXERCÍCIO NÚMERO 10:
Pedindo com Sinergia

1. Ao acordar, ou antes de dormir, anote em seu Caderno da Gratidão pela Prosperidade Financeira os 3 itens de hoje relacionados à prosperidade financeira pelos quais é grato; releia-os e diga em voz alta 3 vezes: obrigado, obrigado, obrigado.
2. Pegue uma folha de cheque. Num pequeno papel – que cobrirá seu nome escrito abaixo da assinatura – escreva: Universo de Abundância S.A. (cliente desde sempre). Fixe este papel no cheque e tire uma ou mais cópias dele.
3. Pense o quanto você quer receber do universo. Escreva este valor em números no primeiro campo do cheque e por extenso no campo aonde se lê "pago integralmente por este cheque..."
4. No terceiro campo, escreva seu nome completo.

5. No campo da data, coloque dia, mês e ano com a data limite para seu pagamento.
6. Assine o cheque como Universo de Abundância.
7. Abaixo disso escreva: "GRATIDÃO AO UNIVERSO DE ABUNDÂNCIA POR ME PROVER DIARIAMENTE".
8. Coloque este cheque em algum lugar da casa que você veja sempre.

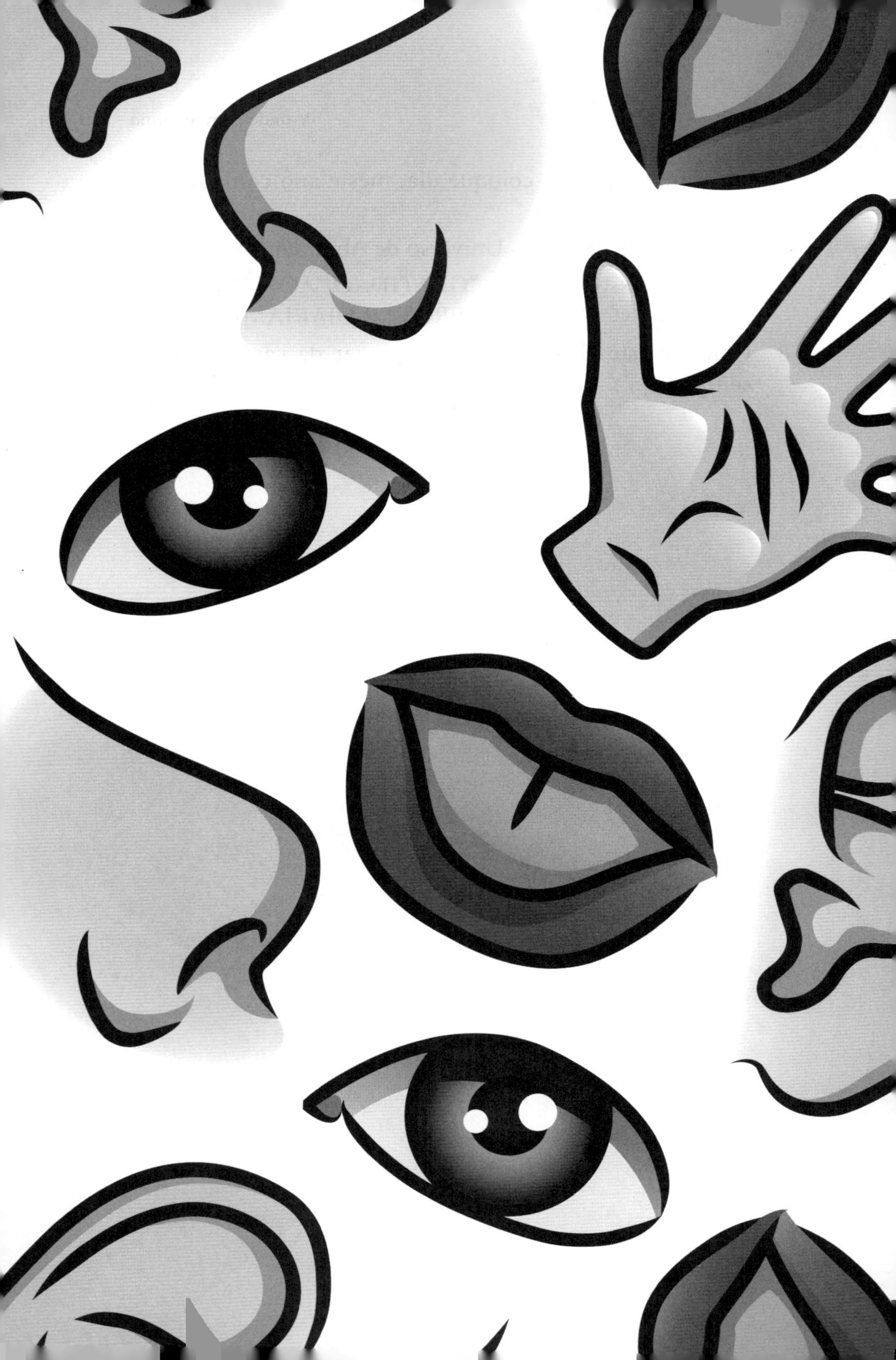

A força dos cinco sentidos

Algumas pessoas, quando querem uma coisa intensamente, costumam até sonhar acordadas com ela. O subconsciente proporciona estes momentos para que se lembrem o tempo todo daquilo, sem perder o foco. Porém, nem todos nós temos um subconsciente tão ativo para nos dar uma mãozinha.

Nestes casos, nós é que devemos reforçar diariamente o que queremos, como já estamos fazendo com o sentimento de gratidão diário. Você deve ter percebido que muitos exercícios foram escritos. A razão disto é que quando escrevemos, reforçamos uma mensagem para o nosso subconsciente. Lembre-se que o nosso corpo e os nossos sentidos são como o mouse ou o teclado do computador, eles servem para que as informações "entrem no cérebro". Dessa forma, outra maneira poderosa de se mandar informações é através de imagens, pelo sentido da visão.

Tenho um aluno, bancário, que queria muito fazer uma viagem para a Ásia, no estilo "mochilão". Ele já estava praticando a gratidão e queria potencializar aquele desejo. Falei a ele que se escrevesse e visualizasse o que queria, teria mais 60% de chance de que a viagem acontecesse.

Ele criou, então, um caderno chamado "Mochilão da Gratidão" e lá colocou todas as informações sobre os países que queria ir, em que época do ano, preços de voos, trens, cursos que queria fazer por lá e o valor que precisaria para realizar este sonho. Todos os dias ele escrevia no caderno sobre algo que queria ver em determinado país, ou colava fotos dos lugares que desejava visitar. Pouco tempo depois o banco ofereceu um programa de demissão voluntária, com algumas vantagens. Ele aceitou, pois já vinha adiando há tempos a decisão de mudar de empresa, e o que veio a receber era mais do que havia calculado para essa viagem. Com a demissão, pôde iniciar o mochilão exatamente no período em que havia imaginado e posto no caderno, e hoje está feliz fazendo sua viagem tão sonhada, sem se preocupar com a falta de dinheiro. Aliás, conseguiu uma agência patrocinadora de sua aventura, que tem interesse em publicar toda a cobertura em vídeos e fotos que está sendo gerada. E meu aluno também está preparando uma palestra e um livro que lançará em seu retorno, contando tudo o que aprendeu em sua peregrinação por vários países e culturas diferentes.

Novamente: quando alinhamos o pensamento, o sentimento e a ação (aqui, fazer o caderno), com intenção e gratidão, tudo de bom pode acontecer.

Dia 11

Ver para Ter

Para o próximo exercício você fará um Quadro de Gratidão pela Prosperidade. Essa construção visual permitirá à sua mente ter mais clareza de quais são seus objetivos e metas nas principais áreas de sua vida.

Você vai escolher o tamanho de seu quadro: uma folha sulfite, meia cartolina, uma cartolina inteira, isopor, como quiser. A intenção e prosperidade serão suas, capriche!

Quando a base do quadro estiver pronta, pense o que quer em sua vida como materialização da sua prosperidade: Dinheiro? Uma casa ou apartamento novo? Um carro? Viajar? Fazer cursos? Fazer massagem uma vez por semana? Ir para um spa fazer uma reeducação alimentar? Ir a shows e teatros regularmente? Tudo isso faz parte da prosperidade. Escreva os itens numa folha de papel à parte.

A seguir, procure imagens em revistas ou na internet, para recortar ou imprimir, que te recordem desses itens que você listou. Escolha uma imagem para cada item. Por exemplo: fotos de notas de dinheiro; imagens de uma casa ou apartamento; o carro que você quer; algum lugar para o qual deseja viajar; a foto do palco de um teatro e assim por diante.

No centro da folha escreva: "GRATIDÃO PELA ABUNDÂNCIA E PROSPERIDADE EM MINHA VIDA!" E ao redor dessas palavras cole as imagens que escolheu.

Coloque seu Quadro da Gratidão pela Prosperidade fixado em um lugar em que você possa vê-lo diariamente, e cada vez que passar por ele, leia a frase escrita ali.

Dica: se quiser montar um quadro como este junto com seu cônjuge, conversem a respeito de quais serão seus objetivos comuns e sigam as instruções.

Você também pode fazer este quadro com as crianças, ensinando-as desde pequenas o poder da gratidão aliado com a intenção.

De tempos em tempos renove seu Quadro de Gratidão pela Prosperidade, colando novos objetivos e guardando numa pasta as fotos daqueles que já foram atingidos.

Recapitulando

EXERCÍCIO NÚMERO 11:
Ver para Ter

1. Ao acordar, ou antes de dormir, anote em seu Caderno da Gratidão pela Prosperidade Financeira os 3 itens de hoje relacionados à prosperidade financeira pelos quais é grato; releia-os e diga em voz alta 3 vezes: obrigado, obrigado, obrigado.
2. Confeccione um quadro de Gratidão pela Prosperidade.
3. Pense no que quer em sua vida como materialização da prosperidade. Escreva os itens numa folha de papel a parte.
4. Procure imagens em revistas ou na internet, para recortar ou imprimir, que te recordem desses itens que você listou. Escolha uma imagem para cada item.
5. No centro da folha escreva: "GRATIDÃO PELA ABUNDÂNCIA E PROSPERIDADE EM MINHA VIDA!"

6. Ao redor dessas palavras, cole as imagens que escolheu.
7. Coloque seu Quadro da Gratidão pela Prosperidade fixado em um local onde você possa vê-lo diariamente, e cada vez que passar por ele, leia a frase escrita ali.

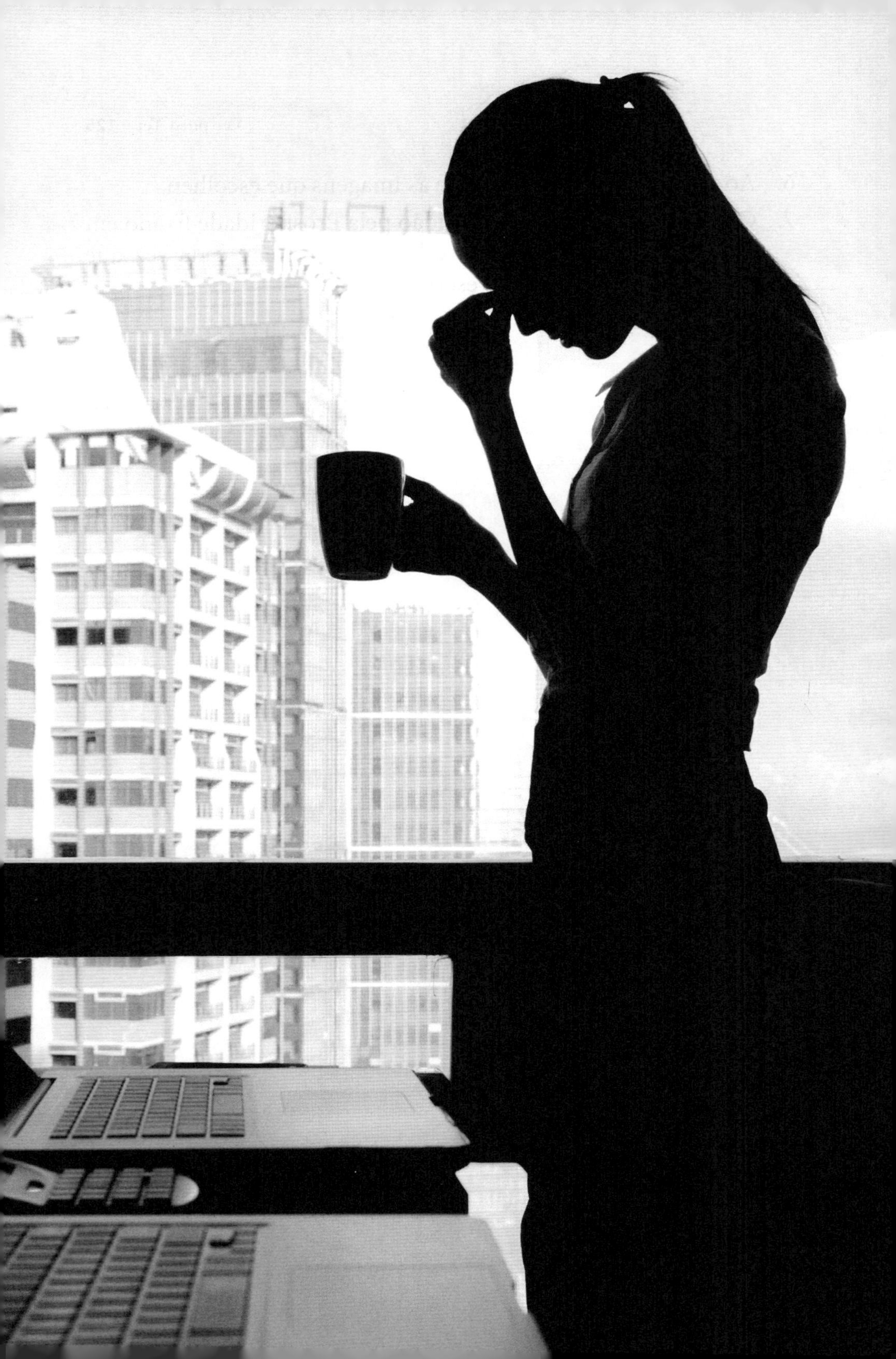

De nada vale toda a riqueza se perder a sua alma

Sempre achei a frase "dinheiro não traz felicidade" perigosa porque ela nos induz a pensar que precisamos escolher entre as duas coisas: ou você tem dinheiro, ou é feliz. Este tipo de pensamento faz parte do paradigma da escassez e é bastante perigoso, pois reforça as crenças limitantes em relação ao dinheiro.

Por outro lado, a busca desenfreada por adquirir mais e mais, onde o TER passa a valer mais do que o SER, é uma inversão de valores no mínimo perigosa. O seu valor no mundo não pode ser medido pelo patrimônio que adquiriu, mas sim pelo legado que construiu e eu quero endossar essa minha afirmação com uma história contada pelo Dr. Russel H. Conwell (1843-1925), inspirado intelectual e palestrante americano, fundador da Temple University, conceituada universidade instalada na Filadélfia, Pensilvânia.

"Acres de Diamantes" é a história de Al Hafed, um próspero e feliz fazendeiro que vivia com a família na antiga Pérsia. Era feliz porque era próspero e era próspero porque era feliz, mas ouviu falar dos diamantes e da riqueza que estavam sendo descobertas em terras longínquas e a partir daquele momento seu casamento harmonioso, os filhos saudáveis e a fazenda produtiva já não eram o suficiente, pois Al Hafed desejou possuir uma riqueza muito maior, passando, então, a sentir-se pobre. Hafed deixou a família e a terra natal e partiu em busca dos sonhados diamantes, mas só colheu decepção e frustração por todo o caminho, vindo a dar cabo de sua vida que se tornou miserável, lançando-se ao mar, em Barcelona, Espanha.

Acontece que o sucessor do infeliz fazendeiro, um dia, descobriu em seu quintal umas pedras duras que brilhavam maravilhosamente à luz do sol, que estavam encobertas até então, no pequeno riacho que atravessava a fazenda.

Mais tarde, um visitante, ao ver as pedras em cima da lareira, voltou-se para o novo dono e informou-o de que encontrara um dos maiores diamantes já vistos pelo homem. Pesquisas revelaram que a fazenda inteira estava coberta de pedras magníficas, semelhantes àquela.

A moral da história nos diz que as pessoas muitas vezes vão buscar longe a prosperidade quando ela está em seu quintal. Para atingir a prosperidade, dizia Conwell, comece onde você está, com aquilo que você é e tem – e agora!

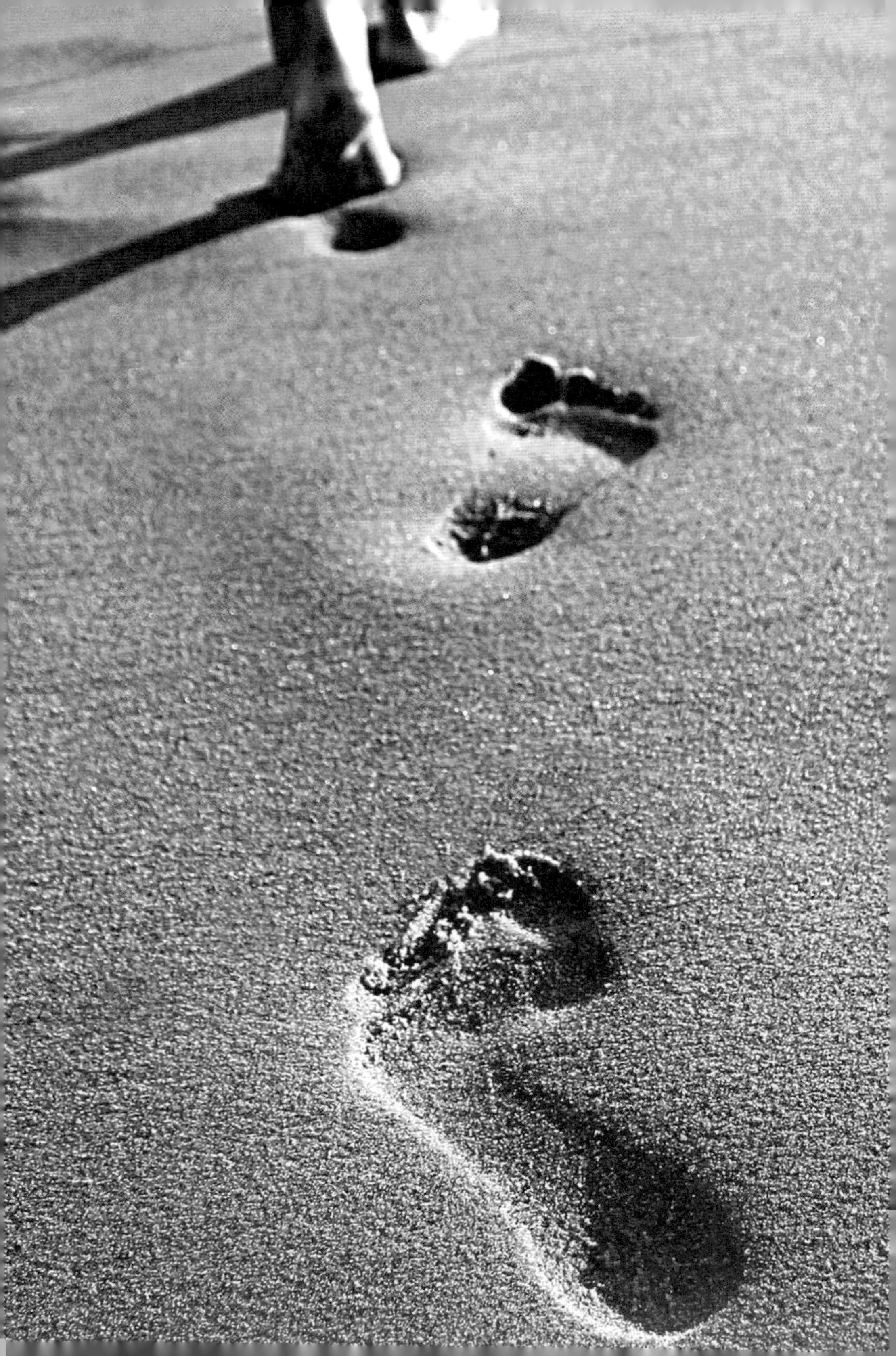

A jornada é feita passo a passo

Chegamos ao fim deste livro, mas a sua jornada rumo à prosperidade através da Gratidão está apenas no começo! Estes exercícios devem te acompanhar diariamente e serem revisados sempre que você sentir necessidade.

Lembre-se que, ao terminar a primeira sequência de 11 dias de exercícios, você deve repeti-la ao menos mais duas vezes, para que agradecer pela prosperidade financeira realmente vire um hábito. Refaça mesmo todos os 11 exercícios, responda novamente as perguntas sem consultar as anotações anteriores e você perceberá que as respostas mudaram. Isso ocorre porque nestes primeiros onze dias a sua percepção já se expandiu e você estará enxergando o mundo de uma forma muito mais madura.

A gratidão deve tornar-se um hábito em sua vida, para que a prosperidade seja uma constante. Portas irão se abrir, pessoas especiais aparecerão no momento necessário e sua sensibilidade para saber o que fazer e quando fazer estará aguçada. Seus cinco sentidos vão trabalhar alinhados com você, seu subconsciente estará te ajudando, e o mundo à sua volta, o Universo, agirá em fluxo, à sua disposição.

Agora, você tem alicerces sólidos, sustentando uma bela estrutura de crenças e padrões que só podem fazer você prosperar. Descobriu que o Universo é abundante, pronto para dar a quem sabe agradecer.

Aprendeu a doar como formar de agradecer o que recebe; aprendeu também que o dinheiro precisa ser cuidado, direcionado, bem usado, para que traga bênçãos para você e todos que o cercam, e que não basta só receber e gastar aleatoriamente, precisa saber também poupar e aplicar de forma consciente.

Agradeço porque você aceitou fazer esta Jornada de Gratidão pela Prosperidade sendo guiado por mim. Estou certa de que realizo minha missão de ensinar mais e mais pessoas a cumprirem seus próprios propósitos de vida, abrindo a torrente de abundância com que a gratidão nos brinda quando nos rendemos a ela.

A gratidão já transformou a minha vida, vem transformando a de milhares de alunos de meus cursos, e tenho certeza que você está entre eles, para sempre.

A partir de agora, a sua vida nunca mais será a mesma.

- Para saber mais sobre o curso A Gratidão Transforma a sua Vida Financeira, acesse o seguinte endereço na internet: **www.agratidaotransforma.com.br/vidafinanceira**
- E para obter informações sobre o curso A Gratidão Transforma, entre neste link aqui: **www.agratidaotransforma.com.br**

Bibliografia Consultada

ADAMS, C. **Terapia da Gratidão.** São Paulo: Paulus, 2002.

COVEY, S. **Os 7 hábitos das pessoas altamente eficazes.** São Paulo: Best Seller.

DOUGLAS, W. e TEIXEIRA, W. **As 25 Leis Bíblicas do Sucesso.** Rio de Janeiro: Sextante, 2012.

EKER, T. H. **Os Segredos da mente milionária.** Rio de Janeiro: Sextante, 2006.

FRANKL, V. E. **Em Busca de Sentido.** 2 ed. Petrópolis: Vozes, 1991.

HILL, N. **A Lei do Triunfo - 16 lições práticas para o sucesso.** Rio de Janeiro: José Olympio, 2016.

KIYOSAKI, R.T., LECHTER, S.L. **Pai rico, pai pobre.** Rio de Janeiro: Elsevier, 2000.

LUZ, M. **A Gratidão Transforma.** São Paulo: DVS, 2016.

MARTINS, C.W. **Desperto o milionário que há em você: como gerar prosperidade mudando suas atitudes e postura mental.** São Paulo: Gente, 2012.

YVES, A. **Caderno de Exercícios de Gratidão.** Petrópolis: Vozes, 2015.

OUTROS LIVROS DA AUTORA:

A Gratidão Transforma
os seus Pensamentos + CD

A Gratidão Transforma
a sua Saúde

A Gratidão Transforma
uma nova Vida em 33 dias

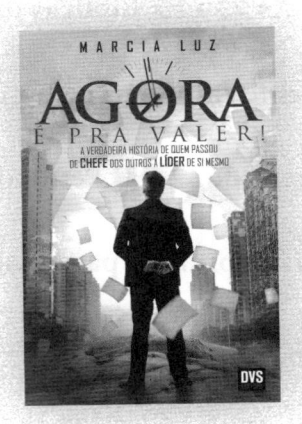

Agora é Pra Valer!

Coach Palestrante

www.dvseditora.com.br

GRÁFICA PAYM
Tel. [11] 4392-3344
paym@graficapaym.com.br